江西省文化名家暨"四个一批"人才工程项目"江西生态产品价值实现的重点任务与实现路径研究"和江西省哲学社会科学重点研究基地项目"'双碳'背景下江西生态产品价值的多元实现路径研究"(编号:22SKJD23)最终研究成果

"奋力打造国家生态文明建设高地"研究系列丛书

"双碳"背景下
江西生态产品价值实现的
重点任务与多元路径研究

郑　鹏　曹高明◎著

经济管理出版社

ECONOMY & MANAGEMENT PUBLISHING HOUSE

图书在版编目（CIP）数据

"双碳"背景下江西生态产品价值实现的重点任务与多元路径研究/郑鹏，曹高明著．
—北京：经济管理出版社，2023.11
ISBN 978-7-5096-9516-6

Ⅰ.①双⋯　Ⅱ.①郑⋯②曹⋯　Ⅲ.①生态经济—研究—江西　Ⅳ.①F127.56

中国国家版本馆 CIP 数据核字（2023）第 246313 号

组稿编辑：任爱清
责任编辑：任爱清
责任印制：黄章平
责任校对：张晓燕

出版发行：经济管理出版社
　　　　　（北京市海淀区北蜂窝 8 号中雅大厦 A 座 11 层　100038）
网　　　址：www. E-mp. com. cn
电　　　话：（010）51915602
印　　　刷：唐山昊达印刷有限公司
经　　　销：新华书店
开　　　本：720mm×1000mm/16
印　　　张：12.75
字　　　数：229 千字
版　　　次：2023 年 12 月第 1 版　　2023 年 12 月第 1 次印刷
书　　　号：ISBN 978-7-5096-9516-6
定　　　价：88.00 元

撰写组名单

郑　鹏　曹高明　叶小凤　孙杨杰　郭丹丹

前　言

　　本书是在中央将"碳达峰、碳中和"纳入生态文明建设整体布局，江西力争打造"国家生态文明建设高地"的宏观背景下完成的。作为生态资源富饶的革命老区，从客观上来说，江西要立足于绿色财富，在生态产品价值实现的道路上先行先试，率先走出一条经济发展与生态保护相辅相成、相得益彰的新路，打造美丽中国"江西样板"。在这个过程中，有关生态产品存在的"难度量、难抵押、难交易、难变现"等问题需要破解，再加上江西生态保护、能源结构、交通运输等方面存在不少短板，因此，本书将研究视角聚焦于江西生态产品价值实现的重点任务与多元路径研究，具有重要的理论价值和独特现实价值。

　　本书综合运用调查研究法、文献资料法、比较研究法、典型案例法、文本分析法、定性比较研究法（QCA）等方法，首先对江西生态产品价值实现的历程演变、主要成效与主要问题进行了归纳和总结，进而对"双碳"背景下江西生态产品价值实现的重点任务进行探索，重点关注生态产品价值精算评估体系、市场交易保障机制等方面。而后从生态产业化、产业生态化、拓展生态产品保护补偿路径等方面探索生态产品价值实现的多元路径。在以上分析的基础上，本书结合其他省份开展生态产品价值实现的实践与经验启示，提出了江西生态产品价值多元实现路径的支撑保障体系建议。本书将生态产品价值实现研究由全国层面下沉至生态富集区的江西省域层面，丰富了生态产品价值实现理论的基层案例，而且为探索区域经济发展从投资规模驱动向生态资源驱动的转化提供了有力的理论依据。尤其从理论上研究生态产品价值的实现路径，有助于为"双碳"背景下江西"生态优先，绿色发展"战略落地提供实践指导，从而也为其他生态资源富集地区的生态产品价值实现提供借鉴和参考。

本书研究了五个方面的内容：

（1）从经验上梳理和描述了江西生态产品价值实现的历程演变、主要成效与问题障碍。

（2）探索了"双碳"背景下江西省生态产品价值实现的重点任务，从建立健全江西生态产品价值精算评估体系、市场交易体系以及价值实现保障机制三个方面来进行分析。

（3）以深入推进生态产业化和产业生态化、拓宽生态产品补偿路径为出发点，探索了"双碳"背景下江西生态产品价值实现的多元路径。

（4）通过对福建省、贵州省、云南省、浙江省等其他省份生态产品价值实现的实践现状进行总结，进而归纳出对江西的经验启示。

（5）从构建与完善生态保护与环境治理体制机制、加强基础设施互联互通、提升优化市场化服务、强化科技人才支撑体系等方面，提出"双碳"背景下江西生态产品价值多元实现路径的支撑保障体系。

本书主要观点有以下五个：

（1）江西省生态产品价值实现阶段大致经历了生态产品孕育期、生态产品价值实现探索期、生态产品价值实现深化期三个阶段。江西省生态产品价值实现以摸清事物存量和价值量、"生态+"构建绿色产业、健全流域生态补偿机制、推进生态权属交易改革、构建绿色金融保障机制为突出特色，但同时也存在生态产品价值核算体系尚未标准化、绿色金融体系尚不完善、市场交易体系尚不健全、保护补偿机制不够完善等问题。

（2）建立生态产品价值精算评估体系、市场交易体系、生态产品交易平台是当前江西省生态产品价值实现的重点任务。价值精算评估体系应该由权威机构进行构建，将结果应用到政府和市场层面；打造生态产品交易平台，运用碳交易、排污权、用能权、水权等机制，促进生态产品价值的实现；重视绿色金融改革创新支撑以及激励约束机制建立，进一步健全生态产品价值实现保障机制。

（3）从深入推进生态产业化和产业生态化以及纵深拓展生态产品保护补偿路径两个方面来探索生态产品价值实现的多元路径。通过提高生态产业质量、加快发展优势产业、大力改造传统产业来推动生态产业化和产业生态化发展。探索多样化生态补偿方式，推进横向和纵向生态补偿提质扩面。

（4）对福建省、贵州省、云南省、浙江省生态产品价值实现路径的经验进行深度分析，可以为江西省生态产品价值实现提供有益镜鉴。其他省份生态产品价值实现的实践表明，要根据自身目标定位、资源禀赋和经济发展状况，在生态环境治理、生态补偿机制、林业改革、制度创新等方面探索符合自身实际的生态产品价值实现的路径。其他省份的经验表明，要坚持"全方位"制度创新，创新"全社会"共享模式，实施品牌战略及标准化管理，突出生态产品价值实现的问题导向，强化绿色、循环、低碳的生产方式，加大生态产品价值的生态补偿力度。

（5）江西省应该努力构建生态保护与环境治理支撑体系，完善互联互通基础设施支撑体系，充分发挥绿色金融在生态产品价值实现过程中的主导性作用。要针对性培养不同层次的复合型人才，狠抓人才培养、人才引进和人才使用三个环节，为生态产品价值实现提供人才支撑。同时，加大政策引导与支持力度，壮大绿色技术创新主体，推动"政、产、学、研、金、介、用"深度融合发展，促进绿色技术协同创新。

本书在撰写过程中参考了大量中外文文献资料，已在参考文献、脚注和尾注中一一列出，但仍可能存在遗漏。在此，敬请文献作者谅解并致以诚挚歉意。由于笔者水平有限，本书难免存在一些缺陷、不足甚至错误，敬请读者批评指正。

郑鹏

2023 年 8 月 16 日

目　录

第一章　绪论

第一节　研究背景与研究意义

一、研究背景

2022 年 1 月 27 日，习近平总书记在山西考察调研时指出："推进碳达峰碳中和，不是别人让我们做，而是我们自己必须要做，但这不是轻轻松松就能实现的，等不得，也急不得。要积极稳妥推动实现碳达峰碳中和目标，为实现第二个百年奋斗目标、推动构建人类命运共同体作出应有贡献。"习近平总书记的讲话为新时期的生态文明建设明确了发展方向，提供了根本遵循。一方面强调转变执政理念，从以 GDP 为核心转变到生态优先、绿色发展的轨道上；另一方面也强调自上而下的顶层设计和自下而上的试点探索，形成系统治理与保护的理念，将碳达峰碳中和纳入生态文明建设整体布局。

（一）必须正视"碳达峰碳中和"对全球气候变化的重要作用

气候变化关乎人类福祉。自工业革命以来，人类活动产生的碳排放的增加导致大气温室气体浓度不断升高，造成了以气候变暖为主要特征的气候变化。一系列科学研究证明，人类活动已经造成气候系统发生前所未有的变化。2021 年 8 月，联合国政府间气候变化专门委员会（IPCC）发布第六次报告，指出 2001 ~ 2020 年，全球地表温度比工业革命时期上升了 1.09℃，其中约 1.07℃ 是由人类活动造成的。2021年观测的二氧化碳浓度是200多年以来的历史最高值,超过410ppm,比工业革命前的280ppm升高了约50%。我国是全球气候变化的敏感区和影响显著区,极端天气气候事件发生的频率越来越高,极端高温事件、洪水、城市内涝、台风、干旱等均有增加。1901~2018年,中国地表年平均气温呈显著上升趋势,近20年是20世纪初以来的最暖时期。1951~2018年,中国年平均气温每10年升高0.24℃,升温率明显高于同期全球平均水平(中国气象局气候变化中心,2019)。2022年7月,长江流域降水由偏多转为偏少,8月上旬长江流域降水量较多年同期均值减少60%以上。鄱阳湖水位持续下降,已于8月6日提前进入枯水期,2022年成为1951年有记录以来,鄱阳湖最早进入枯水期的年份,较2003~2021年平均出现枯水期的时间提前69天。

全球碳排放量增长迅速。2000~2019年,全球二氧化碳排放量增加了40%。统计数据显示,2013年以来,全球碳排放量保持持续增长,2019年,全球碳排放量达343.6亿吨,创历史新高,煤炭、石油和天然气的碳排放分别占43.8%、34.6%和21.6%。2020年,受全球新冠疫情影响,世界各地区碳排放量普遍减少,全球碳排放量下降至322.8亿吨,同比下降6.3%。1850~2021年,美国排放二氧化碳超过5090亿吨,占全球总量的20.3%,是世界第二大碳排放贡献国中国(11.4%)的近两倍,导致全球变暖了0.2℃。中国碳排放强度2019年为6.9吨/万美元,仍然显著高于全球平均水平。政府间气候变化专门委员会(IPCC)发布的多项评估报告认为:人类活动产生的二氧化碳及相关的温室气体是引起全球气候变化的根本原因,要求国际社会立即采取措施共同应对。

(二)要充分认识实现“碳达峰碳中和”目标的紧迫性和艰巨性

实现“碳达峰”“碳中和”是党中央作出的重大战略决策,也是作为负责任大国向国际社会作出的庄严承诺。2020年9月22日,在第75届联合国大会一般性辩论上,习近平主席就中国力争“二氧化碳排放2030年前达到峰值、2060年前实现碳中和”,向国际社会作出庄严承诺。习近平总书记指出:实现碳达峰、碳中和是一场广泛而深刻的经济社会系统性变革,要把“碳达峰”“碳中和”纳入生态文明建设整体布局,拿出抓铁有痕的劲头,如期实现2030年前碳达峰、2060年前碳中和的目标。实现碳达峰、碳中和是完整准确全面贯彻新发展理念,推动高质量发展的必然要求。“碳达峰、碳中和”表面是环境问题,核心是能源问题,根本是发展问题。

当前,实现"碳达峰""碳中和"目标具有紧迫性和艰巨性,如发展任务艰巨,时间窗口偏紧;能源结构替代难度大;非化石能源发展面临制约;产业发展高消耗、高排放、低能效的问题并存。但同时也面临重大发展机遇,主要体现在以下三个方面:一是实现碳达峰碳中和是完整准确全面贯彻新发展理念的题中之义,有助于建立健全绿色低碳循环发展经济体系,从而助推高质量发展。二是实现碳达峰碳中和是构建国内大循环为主体、国内国际双循环相互促进新发展格局的一个重要抓手。从投资来看,我国2030年前实现碳达峰的总投资规模将达到56万亿元,2060年前实现碳中和在可再生能源、能效、零碳技术、储能技术等领域投资将达到70万亿元。从消费来看,绿色建筑、绿色家电、绿色能源和绿色技术等绿色低碳消费行为,将成为社会消费的重要内容,消费升级的趋势将愈加凸显。三是实现碳达峰碳中和是应对绿色贸易壁垒,维护产业链供应链安全的重要举措。

(三)实现"碳达峰碳中和"是资源富集地的江西实现弯道超车的重大机遇

近年来,江西生态文明建设取得明显成效,但生态保护仍然任重而道远,产业结构、能源结构、交通运输结构不优等问题还比较突出。新发展阶段推进全面建设社会主义现代化,决不能再走高耗能高排放的老路,而必须转到绿色低碳的发展轨道上来,采取措施积极推进"碳达峰""碳中和","倒逼"发展方式转变、发展动能转换,坚定不移走生态优先、绿色低碳的高质量发展路子。

习近平总书记对江西作出"努力在加快革命老区高质量发展上作示范、在推动中部地区崛起上勇争先"的目标定位,并强调,"绿色生态是江西最大财富、最大优势、最大品牌"。"双碳"新赛道,必将掀起新一轮区域竞争,对于绿色生态江西是一个十分难得的跨越赶超机会。在实施"碳达峰、碳中和"战略中,必须以"作示范、勇争先"的气魄拥抱时代发展,抓紧、抓实、抓好碳达峰碳中和各项工作,这是江西义不容辞的使命、责无旁贷的担当。要以"作示范、勇争先"的勇气、决心和坚韧推动碳达峰碳中和各项工作,加快形成节约资源和保护环境的产业结构、生产方式、生活方式、空间格局,以更高标准打造美丽中国"江西样板"。

二、研究意义

在长期开展生态经济与绿色发展等领域的研究和实践中,我们发现:将生态资源富集地区的生态优势转为发展优势、推动生态产品价值实现是打通"绿水青山"向"金山银山"转化通道的关键。在"生态优先、绿色发展"的时代背景下，为积极策应国家"碳达峰、碳中和"工作部署，江西要立足绿色生态这个最大财富、最大优势、最大品牌，以国家生态文明试验区建设和国家生态产品价值实现机制试点为契机，在破解生态产品"难度量、难抵押、难交易、难变现"等问题上蹚出新路，加快打通"绿水青山"与"金山银山"双向转化通道，为构建具有中国特色的生态文明建设新模式提供"江西方案"。鉴于当前零星研究成果及生态产品价值实现理论还不足以指导实践探索，因此本书聚焦探索"双碳"背景下江西生态产品价值实现的重点任务与多元路径具有重要理论价值和独特实践价值。本书基于当前江西生态产品价值实现重大现实问题和团队研究基础而设定，具有以下两种意义。

（1）理论意义：将生态产品价值实现研究由全国层面下沉至生态富集区的江西省域层面，丰富了生态产品价值实现理论的基层案例；为探索区域经济发展从投资规模驱动向生态资源驱动提供有力的理论依据。

（2）实践意义：从理论上研究生态产品价值的实现路径，有助于为"双碳"背景下江西"生态优先、绿色发展"战略落地提供实践指导，有助于为其他生态资源富集地区的生态产品价值实现提供借鉴和参考。

第二节　基本概念

一、生态资源

生态资源指为人类提供生态产品和生态服务的各类自然资源，以及各种由基本自然要素组成的生态系统。生态资源具备一定的使用价值，包括生态产品价值和生态服务价值，例如，土地、森林表现出物质性较强的使用价值；大气、水体表现出其在生态调节、环境容量等生态服务方面的使用价值。生态资源是人类赖以生存和经济社会发展的物质基础，除了为人类提供直接的有形产品以外，还能提供其他各种生态服务功能，包括调节功能、休闲功能、文化功能和支持功能等。

二、生态资产

20 世纪末以来，生态资产（Eco-Assets）研究逐步受到国内外学者的广泛关注。生态资产概念尚未统一，有的学者认为生态资产即生态服务功能价值，也有学者认为生态资产即资源直接价值与生态系统服务功能价值之和（高吉喜、李慧敏、田美荣，2016）。陈百明等（2003）认为，生态资产是所有者对其实施所有权并且所有者可以从中获得经济利益的生态景观实体。该定义强调了生态资产权属以及生态环境景观实体潜在经济收益。王健民等（2002）认为，生态资产是一切生态资源的价值形式，是国家拥有的能以货币计量的，并能带来直接、间接或潜在利益的生态经济资源。该定义强调其生态资产权属和经济收益性。潘耀忠等（2004）认为，生态资产是以生态系统服务功能效益和自然资源为核心的价值体现，包括隐形的生态系统服务功能价值和有形的自然资源直接价值两部分。张军连等（2003）认为，在一定时间和空间范围内的一切自然资源、生态环境及其对人类的服务功能即为生态资产。胡聃（2004）认为，生态资产是人类或生物与其环境相互作用形成的能服务于一定生态系统经济目标的适应性、进化性生态实体，它在未来能够产生系统产品或服务。高吉喜和范小杉（2007）认为，生态资产是人们对可为人类提供服务和福利的生态资源与生态环境的经济学称谓，是经济社会得以存在和延续的重要物质基础。

综上所述，生态资产具有经济学属性，即稀缺性、归属性、价值性和可交易性等。生态资产是在自然资源价值和生态服务价值两个概念的基础上发展起来的，是两者的结合与统一，表征人类对生态环境、自然资源的认识达到了一个新的高度。人们对生态资产概念的认识过程是动态的、发展的，是逐步深化和延展的。相关研究表明，生态资产指具有物质及环境生产能力并能为人类提供服务和福利的生物或生物衍化实体，主要包括化石能源和生态系统，其价值表现为自然资源价值、生态服务价值以及生态经济产品价值。自然资源价值发展到生态服务价值，从有形的、实物形态的、可以划归权属的经济收益价值发展到无形的、公益性的环境服务价值。因此，对生态资产概念的认识是人类认识世界、认识自然环境过程的具体体现。

随着经济社会的发展，全球性资源短缺、生态破坏和气候变暖的现象突出，生态资源的稀缺性日益凸显。由于生态资源产权归属主要为国有，因此，通常被认定为社会"公共产品",最终导致资源的过度开发与浪费。现有的生态资源管理制度并没有将资源作为资产,按资产运营的规定进行经营与管理,生态资源资产化需明确产权归属,用资产的管理方法来约束资源开发与利用,进而达到保护生态资源的目的。

三、生态资本

在全球性生态危机持续加剧的背景下,生态资本的概念逐渐产生。生态资本一度被视为破解环境保护与经济发展两难困境的有效途径。1987 年布伦特兰在《我们共同的未来》一书中提出,应该把环境当成资本来看待,认为生物圈是一种最基本的资本。这蕴含着"以环境形式而存在的生物圈作为一个整体构成了一种资本"的思想诞生。随着国内外学者的不断探索和研究,生态资本的概念日趋成熟。生态资本是在自然资本的基础上提出来的。自然资本早期被狭义地理解为自然资源资产的价值。随着全球生态恶化形势的加剧以及人们对生态环境认识水平的不断提高,人们对自然资本或自然资产概念的理解不再局限于自然资源的价值,而是涵盖了自然环境中可以为人类所利用的、表现形式丰富多样的所有物质或非物质价值形态,如生态系统服务价值。Costanza 等(1997)认为,生态资本是在一个时间点上存在的物质或信息的存量,每一种生态资本存量形式自主地或与其他生态资本存量形式一起产生一种服务流,这种服务流可以增进人类的福利。胡聃(1998)认为,生态资本是指人类(以劳务为特征)或生物资源在与物理环境资源以及经济中介物品的相互作用过程中所形成的一个协调、适应的表现形态,并服务于一定的整体目标的生态实体。沈大军(1998)认为,生态资本是指生态系统中所有能对经济作出贡献的生态因素的总和,具体包括三类:自然资源、生态环境的自净能力和生态环境为人类提供的自然服务。王海滨等(2008)认为,生态资本是一个边界相对清晰的"生态—经济—社会"复合系统,相对于其他生态系统具有明显或特殊生态功能和服务功能优势的生态系统,包括环境质量要素存量、结构与过程、信息存量三部分。范金等(2000)认为,生态资本是一个综合概念,在多数情况下主要包括自然资源的总量和环境消纳并转化废物的能力;生态系统呈现出的各种环境要素的总体状态对人类社会生存和发展的有用性。这是目前使用最为广泛的一种界定,已经成为生态资本四分法的代表性论点。

综上所述，生态资本是有一定产权归属并能够实现价值增值的生态资源，主要包括自然资源存量、环境质量与自净能力、生态系统的使用价值以及能不断产生使用价值的潜力资源。生态资本与生态资产既有区别又有联系。生态资本是能产生未来现金流的生态资产。生态资产与生态资本的实体对象是一致的，但只有将生态资产盘活，成为能增值的资产，经过资本运营实现其价值，才能成为生态资本，这一过程就是生态资产资本化。

生态资本的内涵包括必须具有使用价值的自然资源才有可能成为生态资本，并非所有的自然资源都能转化为生态资本；所有符合生态资本条件的人造资源都能成为生态资本，从而扩大了生态资本的界限；具有价值的生态服务都能成为生态资本。目前，生态资本最大的投资主体是政府。主要是各级政府通过财政拨款、发行国债等方式投入资金进行生态资本投资。但是国家和社会需要财政支持的项目越来越多，并且长期依赖政府投资会给政府带来较大压力。

四、生态产品

"生态产品"这一概念最早由中国政府的政策文件（全国主体功能区规划，2010）提出，与西方生态系统服务的概念相近。国外学术界研究始于 20 世纪末，目前普遍应用的是由生态学家 Costanza 等（1997）提出的"直接或间接增加人类福祉的生态特征、生态功能或生态过程，也就是人类能够从生态系统获得的效益"概念。国内学术界从研究生态系统服务开始逐步过渡到生态产品相关研究。国内学者更多用生态产品的概念代替生态系统服务概念（马建堂，2019），可概括为狭义（是指满足人类需求的清新空气、清洁水源、适宜气候等看似与人类有形物质产品消耗没有直接关系的无形产品，且往往具有公共产品的特征）和广义（除狭义内容外，还包括通过清洁生产、循环利用、降耗减排等途径，减少对生态资源消耗生产出来的有机食品、绿色农产品、生态工业品等有形物质产品，突出其"生态环境友好"特征）两个方面（兰菊萍，2019）。

五、生态价值

"生态价值"概念是"生态哲学"的一个基础性概念，因而研究生态文明，必须弄清生态价值的含义。在党的十八大报告中第一次使用"生态价值"概念，标志着党中央提出的"科学发展观"已经超越了西方建立在工业文明基础上的不可持续的发展观，成为与生态文明时代相适应的可持续的"新发展观"。生态价值即生命现象与其环境之间相互依赖和满足需要的关系，是满足人类社会对自然生态系统服务功能客观需要的主观价值反映，体现了人类社会和自然生态系统两个整体之间关系的重要性。生态价值包括环境的生态价值、生命体的生态价值、生态要素的生态价值、生态系统的生态价值。

"生态价值"主要包括三个方面的含义：①地球上任何生物个体，在生存竞争中都不仅实现着自身的生存利益，而且创造着其他物种和生命个体的生存条件，从这个意义上来说，任何一个生物物种和个体，对其他物种和个体的生存都具有积极的意义（价值）。②地球上的任何一个物种及其个体的存在，对于地球整个生态系统的稳定和平衡都发挥着作用，这是生态价值的另一种体现。③自然界系统整体的稳定平衡是人类存在（生存）的必要条件，因而对人类的生存具有"环境价值"。

对于"生态价值"概念的理解如下：首先，生态价值是一种"自然价值"，即自然物之间以及自然物对自然系统整体所具有的系统"功能"。这种自然系统功能可以被看成一种"广义的"价值。对于人的生存来说，它就是人类生存的"环境价值"。其次，生态价值不同于通常我们所说的自然物的"资源价值"或"经济价值"。生态价值是自然生态系统对于人所具有的"环境价值"。人也是一个生命体，也要在自然界中生活。人的生活需要有适合于人的自然条件，由这些自然条件构成了人类生活的自然体系，即人类的生活环境。这个环境作为人类生存的必要条件，是人类的"家园"，因而"生态价值"对于人来说，就是"环境价值"。

第三节　研究目标与研究内容

一、研究对象

本书以"'双碳'背景下江西生态产品价值实现的重点任务与多元路径研究"为研究对象，立足于破解生态产品"难度量、难抵押、难交易、难变现"等现实问题，紧扣"双碳"背景和江西省省情，对现状问题、重点任务、多元路径、经验启示、支撑体系五个逻辑上相互承接、紧密联系的问题开展研究，以期打通江西省"绿水青山"与"金山银山"双向转化通道，将生态优势、环境优势转换为发展优势，从而助推江西高质量发展。

二、研究目标

本书尝试从理论上基于生态、环境、社会等系统角度研究阐释江西生态产品价值精算、评估、转化、维护、增值、保障等重点任务和关键环节，为进一步揭示生态产品价值的多元实现路径提供理论支持；同时，也从实践上尝试构建生态资产确权、评估、交易、路径等生产要素转换发展新模式，从而为"双碳"背景下江西将生态优势转化为发展优势，推动高质量发展提供实践探索经验。

三、研究内容

本书研究了以下五个方面的内容：

（一）新时期江西生态产品价值实现的发展现状、主要成效与问题障碍

（1）新时期研究江西生态产品价值实现的重要性和必要性。新时期的"新"主要体现在：国家规划布局实现"碳达峰、碳中和"目标给江西带来的机遇与挑战，以及在"十四五"时期江西该如何深入推进国家生态文明试验区和国家生态产品价值实现机制试点建设。在上述时代背景下，研究江西生态产品价值多元实现路径对江西助推高质量发展具有重要性和迫切性。

（2）江西生态产品的发展现状及主要特征，主要是归纳和总结当前江西生态产品存量增量、供给需求、具体表现与主要特征。

（3）江西生态产品价值实现的突出成效，主要从产权改革、价值量化、价值转化、市场培育、制度构建等层面归纳江西在生态产品价值实现方面取得的成绩。

（4）江西生态产品价值实现面临的问题障碍，通过收集的二手资料和一手调研资料，从价值精算、价值评估、市场体系、实现路径、支撑保障等方面深入剖析江西生态产品价值实现存在的突出问题和挑战，并重点从产权界定、价值评估、市场机制、制度规范、人才支撑等角度分析原因。

（二）"双碳"背景下江西生态产品价值实现的重点任务

（1）建立江西生态产品价值精算评估体系。一是明确精算标准。综合考虑

生态产品的类型、生态保护与产品开发成本、市场需求等因素，借助环境监测、生物、大数据平台等技术方法，建立生态资产与生态产品精算指标体系及制定相应的标准和规范。二是建立精算评估机制。通过对国家某试点地区的核算，定期精算生态产品价值量，掌握发展动态。三是建立精算结果应用机制。主要是建立目标考核制度，探索将生态产品价值问题及其变化、生态产品价值实现率等纳入地区目标考核统计指标体系，将核算结果作为市场交易、市场融资、生态补偿的重要依据。

（2）建立健全江西生态产品市场交易体系。一是积极打造生态产品供需对接平台。加快推进生态产品推介博览会平台、生态产品电商平台、区域生态产品交易平台建设，完善生态产品加工、交易、物流、展销功能，促进生态产品供给与需求、资源与资本精准高效对接。二是加快推动环境资源权益交易。积极探索设立"两山"银行，通过鼓励各地开展"湿地银行""森林银行"等自然资源平台化运营，推进用能权、排污权、水权、碳排放权有偿使用与交易试点。

（3）健全江西生态产品价值实现保障机制。一是强化绿色金融改革创新的支持保障。鼓励银行等金融机构在权益类信贷产品开发、生态产品资产证券化、绿色保险创新、投融资多元化等方面加大创新力度。二是强化生态产品价值实现激励约束机制。在生态产品价值考核制度创新与应用、生态产品价值核算结果应用机制等方面加快构建激励约束机制。

（三）"双碳"背景下江西生态产品价值实现的多元路径

（1）深入推进生态产业化和产业生态化。通过推广生态修复、发展绿色加工、推广智慧农业等技术创新来提升物质产品价值，在优质生态农业、高质量绿色工业、生态文化旅游等方面加快探索生态产品价值实现的多元路径。

（2）深化"评估—定价—交易"生态产品价值实现路径。重点做好生态产品价值评估、生态资源定价、生态产品市场交易、生态产品补偿等机制设计。尤其是结合江西创新性开展绿色金融的经验探索，充分阐述绿色金融在生态产品价值多元实现路径中的功能发挥。

（3）建立"创造—展示—推广—维护"生态产品价值增值路径。重点探索生态产品产业化价值创造、价值展示、价值推广、价值维护等机制设计。基于江西独特的生态资源优势，充分运用市场手段，通过网络、实物展示、营销推广等向消费者展示生态产品的品质，打造区域公用品牌，做强地理标志产品，提升生态产品价值。

（4）纵深拓展生态产品保护补偿路径。一是进一步完善生态保护补偿制度，探索多样化生态补偿方式，推进横向和纵向生态补偿提质扩面。二是探索开展跨区域生态保护补偿，在省内流域上下游、重点生态功能区与集约开发区之间探索对口协作、园区共建、项目支持、飞地经济、产业转移、异地开发等灵活多样的多元化补偿方式。三是健全生态环境损害赔偿制度，在江西省范围内构建责任明确、途径畅通、机制完善、技术规范、保障有力、赔偿到位、修复有效、公开透明的生态环境损害赔偿制度。

（四）其他省份生态产品价值实现的经验启示

（1）其他省份生态产品价值实现的实践经验。梳理和总结其他省份（尤其是浙江省、贵州省、福建省等试点省份）在生态产品价值实现方面好的做法和成功经验。

（2）其他省份生态产品价值实现的障碍破解与政策调整情况。归纳和总结其他省份（尤其是浙江省、贵州省、福建省等省份）在生态产品价值实现方面的障碍破解举措与政策调整情况，尤其是政策调整背后的动机、原因及调整之后的效果。

（3）经验启示。总结其他省份的经验对江西生态产品价值多元实现路径的经验启示。

（五）"双碳"背景下江西生态产品价值多元实现路径的支撑保障体系构建

（1）构建生态保护与环境治理支撑体系。严格划定生态保护红线并加强监管，实施生物多样性保护重大工程以及垃圾生态化处理、污水集中治理等项目。

（2）完善互联互通基础设施支撑体系。充分利用区位优势，加强相互间顺畅连通，为生态产品价值实现创造便利条件。

（3）重构市场化服务支撑体系。充分利用互联网、物联网、大数据、区块链等技术实现物流、信息流、资金流等的快速流通。

（4）强化科技人才支撑体系。深化地方政府与科研院所等机构的合作，建立长效机制，构筑绿色科技创新"产学研"一体化和科技创新成果产业化技术支撑体系，共培、共享高科技人才。

四、重点难点

重点：①生态产品价值精算、评估与市场交易体系建构；②生态产品价值实现的多元路径的探索与实践；③生态产品价值实现的体制机制创新及支撑体系建立。

难点：①建立科学有效的资源及生态产品监测系统监测生态产品存量和增量是一个难题；②科学精算与评估生态产品价值是一个挑战；③跨区域生态补偿模式、标准还需进一步明确。

第四节　研究思路与研究方法

一、基本思路

本书分别从专题调研和理论分析两方面入手。一方面，安排省内外生态产品价值实现的系列专题调研，系统分析江西生态产品价值实现的现状水平、主要成效、存在问题和主要原因，深入剖析成功案例，提炼总结经验，同时结合省外典型案例的调研分析，归纳对江西省生态产品价值实现工作的启示；另一方面，运用社会学、经济学和管理学的基本原理，对江西生态产品价值实现进行理论分析，系统探讨江西生态产品价值实现的内在机制，尤其是对生态产品价值转换机制和增值机制等重点任务进行深入研究，并着重对生态产品价值的多元实现路径进行系统探讨。最后，以国家生态文明试验区（江西）建设的战略定位和战略目标为"准绳"，本书提出江西生态产品价值多元实现路径的保障措施，聚焦推动国家生态文明试验区（江西）建设，打造美丽中国"江西样板"，为全国生态产品价值实现，乃至全国生态文明建设提供"江西方案"，贡献"江西智慧"。本书的研究思路如图1-1所示。

二、研究方法

本书采用的研究方法主要包括调查研究法、文献资料法、比较研究法、典型案例法、文本分析法、定性比较研究法（QCA）等方法，具体如表1-1所示。

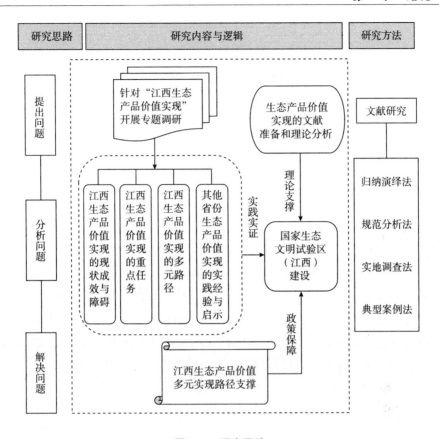

图1-1　研究思路

表1-1　本书主要运用的研究方法

研究内容	研究方法
新时期江西生态产品价值实现的发展现状、主要成效与问题障碍	文献资料法、实地调研、统计分析法（比较分析、时间序列动态分析）
"双碳"背景下江西生态产品价值实现的重点任务	调查研究法、系统分析法
"双碳"背景下江西生态产品价值实现的多元路径	调查研究法、典型案例法
其他省份生态产品价值实现的实践经验与启示	文献资料法、调查研究法、定性比较研究法（QCA）
"双碳"背景下江西生态产品价值多元实现路径的支撑保障体系构建	文本分析法、归纳法

资料来源：笔者绘制。

第五节 研究创新与局限

一、研究创新

(一) 学术思想特色

大多数学者对"生态产品"这一问题的研究主要是从生态产品价值补偿角度展开,对生态资源富集地区这个"点"的研究明显不足。本书在习近平生态文明思想指导下从"生态福祉是最大的民生福祉"研究视域,尝试在江西生态产品的价值精算评估体系、市场交易体系、保障激励机制等重点任务上有所突破,并对生态产业化路径、价值实现路径、价值增值路径、保护补偿路径等多元实现路径进行深入研究,由此丰富环境经济学的研究视野和范畴,体现了以生态产品价值实现促进江西高质量发展与环境改善共存互融的学术思想。

(二) 学术观点创新

本书提出的以下三个学术观点具有一定新意:

(1) 江西生态产品价值的多元实现路径理应形成全国示范。江西优质的生态资源,为全国提供了大量的生态服务,而这种生态服务作为增益的表现形式,需要尽快从抑损型补偿向增益型发展过渡,以便进一步发挥江西生态环境优势,将生态资源优势转化为发展优势,为"美丽中国"建设探索"江西样本"。

(2) 江西生态产品价值实现的关键在于拓展价值实现的多元路径。关键要将"有为政府"和"有效市场"结合起来,既要重视政府的引导作用,如摸清江西生态产品"家底"、搭建生态产品交易平台、构建政策保障体系等,又要充分激发市场活力,如发挥绿色金融功能、利用多样化平台做好生态品牌维护与推广等。

(3) 江西生态产品价值实现路径应该具有多样性,要充分考虑到地区差异、资源禀赋与发展路径。江西生态产品价值实现路径应避免"一刀切",各地区应该根据不同现实约束相机抉择,既要重视"自上而下"的宏观机制设计,也要鼓励"自下而上"的特色路径探索。政府作为制度的供给者应努力规避不同利益主体之间的零和博弈，要建立相应协调机构和制度安排以保障各利益主体之间的合作。

（三）研究方法的特色和创新

本书运用系统工程方法探讨生态产品价值实现内在机制，拟运用定性比较研究（Qualitative Comparative Analysis，QCA）等研究新范式来比较分析其他省份生态产品价值实现的经验启示，利用生态云和监测数据，采用系统仿真技术研判生态产品价值链的传导路径，在经济研究中是一种新的尝试。

二、研究局限

（一）研究尺度还需进一步下沉

本书以江西省域为研究尺度，分析其生态产品价值实现的重点任务与多元路径，研究尺度偏宏观，对一些具体问题，如不同资源禀赋地区的生态产品价值实现重点任务是否存在差异、多元实现路径有何异同等，相对缺乏系统而深入的解析和研究。因此，后续研究可以将研究尺度进一步下沉到县域层次或者产业层级，以便进一步提高研究的针对性和有效性。

（二）量化研究方法运用不足

鉴于本书的研究逻辑和研究内容，本书所运用的主要研究范式是阐释研究和演绎研究，主要采用调查研究法、文献资料法、比较研究法、典型案例法、文本分析法、定性比较研究法（QCA）等定性研究方法，对量化研究方法的运用不足。后续研究可以在实证研究、定量模型运用等方面加强对量化研究方法的运用。

第二章 研究动态与理论工具

第一节 生态产品价值实现的研究动态及评述

随着"要增强生态产品的生产能力"的提出，生态产品价值实现理念逐渐深入人心，其作为"绿水青山"转化为"金山银山"的重要实践探索，是实现"碳达峰、碳中和"目标以及促进经济社会绿色发展的重要举措。与此相关的研究也日渐活跃，主要集中在以下七个方面：

一、生态产品价值实现的内涵的研究

在当今生态文明建设的新时代下，生态产品主要满足人们对健康维度以及高质量生活的需要。"生态产品"作为我国提出的创新性新概念，拥有明显的中国特色。与此同时，不同领域的专家都对"生态产品"这个新兴概念进行了阐述。基于目前的研究，对生态产品的概念尚未形成一致认识，经过对相关文献的整理，对生态产品概念的界定主要可分为以下三个视角（见表2-1）。

（1）基于供给对象视角，生态产品是指生物生产与人类社会生产共同作用提供给人类社会使用和消费的终端产品和服务，并且和农产品及工艺品属于同一队伍，属于满足人类美好生活的必需品（张林波等，2019；陈明衡、殷斯霞，2021）。生态产品可以是生态系统中的生命支持系统、气候调节系统以及舒适宜人的自然要素（如清新空气、清洁水源、适宜环境等），也可以是改进传统方式

表 2-1　生态产品概念的界定

视角	来源	定义
基于供给对象视角	张林波等，2019；刘伯恩，2020；李宏伟，2020；陈明衡、殷斯霞，2021；沈辉、李宁，2021；廖茂林等，2021	1. 生物生产和与人类社会生产提供给人类社会使用和消费的终端产品和服务 2. 生态产品即以绿色、低碳、循环的发展方式实现物质与文化产品的供给 3. 自然力和人类劳动共同作用形成，满足人类多层次需求的最终产品和服务 4. 经过人类劳动及物质资源投入而生产出的最终产品或服务 5. 具有供给属性、消费属性的最终产品，并与物质产品与精神产品属于同一战线
基于产品性质视角	谢花林、陈倩茹，2022；黄如良，2015；陈辞，2014；陆小成，2022；刘江宜、牟德刚，2020；高晓龙等，2020；勒诚等，2021；于贵瑞等，2022；丁宪浩，2010	1. 人类从自然界直接取得或者经过加工而具有维持生命、改善环境、提供物质以及传承文化的产品与服务的集合 2. 包含了生态设计品、生态标签品以及环境供给服务、调节服务和社会服务等形成的连续性生态产品束 3. 通过人类自我意识行为活动改良生物及其与环境之间关系的整体或模式而形成的一系列产品 4. 人类付出劳动参与生产的产品和具有正外部性的生态系统服务
基于自然属性视角	曾贤刚等，2014；孙庆刚等，2015；张英等，2016	1. 保障生命支持系统、维持生态调节功效、提供环境适宜性的自然要素 2. 优质的环境要素，承载着优质的水、清洁的大气、未受污染的土壤等

使物质与文化产品升级的非自然要素，即通过低碳、循环等绿色供给方式来提供物质与文化产品（刘伯恩，2020）。以生态产品的形成机制为起点，将生态产品界定为以生态系统功能为基础，由自然力和人类劳动共同作用促成，使人们多层次需求得到满足的最终产品与服务；存在形态上存在人工修复、保护以及升级的自然要素，其中经生态产业化形成的经营产品也不可或缺（李宏伟等，2020）。人类劳动及物质资源投入生产形成生态产品，具备整体性、公共性、外部性、时空可变性的特性（沈辉、李宁，2021）。认为生态产品是与物质产品、精神产品并列的，具有供给属性、消费属性的最终产品（廖茂林等，2021）。

（2）基于产品性质视角，人类从自然环境中直接获取或者经过劳动加工使产品集合具有了生命支持、优化环境、物质提供以及文化延续的特点，则称其为生态产品（谢花林、陈倩茹，2022）。包含了生态设计品、生态标签品以及环境供给服务、调节服务和社会服务等形成的连续性生态产品束（黄如良，2015）。生态产品分为有形产品（如有机食品、生态工农业产品等）和无形的生态产品（如优美环境、宜人气候、生态安全等）两类。（陈辞，2014）。以绿色发展的新理念为指引，通过保护和改善自然生态系统实现产品的生产，不仅包括维系生态安全、保障生态调节功能等的自然要素，还包括具有资源集约、环境友好、绿色低碳型特征的生态农产品、生态工业品、生态文旅品等，体现生态环境本身的经济价值以及一定生态投入所形成的经济效益与生态效益的总和（陆小成，2022）。认为除了其所具有的自然要素外，还包括人类付出劳动参与生产的产品和具有正外部性的生态系统服务，如有机生态品、调节服务、文化产品（刘江宜、牟德刚，2020；高晓龙等，2020；勒诚等，2021；于贵瑞等，2022），生态产品拥有明显的外部性特征，与传统意义的商品不同（丁宪浩，2010）。

（3）基于自然属性视角，生态产品就是维持生命支撑系统，确保生态功能调节作用，提供让环境变得舒适所需要的各种自然要素，如洁净的空气、干净的水源、没有污染的土壤、繁茂的森林以及适宜的天气（曾贤刚等，2014；孙庆刚等，2015）。通过生态系统概念直接定义到自然要素上，认为那些高质量的环境要素被称为生态产品的有形载体，即品质好的水、洁净的大气、未受污染的土壤等（张英等，2016）。

生态产品价值可以认为是自然生态系统在一定时空界限中为人类供给的一些物质产品或者是非物质服务的货币化价值（李宇亮、陈克亮，2021）。而生态产品价值转化可以通过纵向一体化，即将生态产品在专业化分工的基础上延长产业链，形成一个完整的上、中、下游的产业集群；也可以是横向多样化，即各种生态服务及文化服务的创新，如丽水景宁县以景区大均古镇的水域救援技术培训和水域安全集训营为创新点，成为山区水生态价值转化样板；还可以是内容多元化，不仅需要发挥生态产品的自然属性，还要通过品牌建设、故事塑造以及人文情怀等，使生态产品更具辨识度、更具传播性。除此之外，科技赋能增效也是不可或缺的，即通过数字化营销、数字化生产以及数字化服务来提高生态产品的价值的转化效率，实现增值效益。因此，可认为生态产品价值实现是生态产品使用价值变为交换价值过程所带来的结果（沈满红，2016）。生态产品价值实现的过程等同于生态产品的内在价值转化为经济效益、社会效益和生态效益的过程（高晓龙等，2020）。而且，生态产品价值实现应该通过生态产品的价值化和市场化来促进生态产品的生产（胡咏君等，2019）。总体来说，生态产品价值的实现本质上是合理而有效地变现绿水青山所涵盖的生态产品价值，其中，合理就表示生态产品价格不仅能反映其稀缺性溢价，也能体现其外部经济性内化；而高效就意味着突破体制机制瓶颈限制，使生态产品拥有更畅通便捷的变现渠道与途径。基于现有的研究，笔者将生态产品定义为本质上是人类从自然生态系统中直接或间接获取的物质和服务的总称。

二、生态产品价值实现核算的研究

通过对自然资源前置性确权登记和信息普查，摸清生态系统中的生态产品数量、质量和责任归责等基础信息，能为后续的生态产品价值核算创造先决条件。首先，推进自然资源确权登记；其次，开展生态信息普查。生态产品信息普查是推进自然资源确权登记的基础，有助于进一步掌握生态产品基础数据信息。开展生态信息普查，要基于现有调查监测体系，摸清生态产品数量、质量等底数，对数据进行筛选、分类和整合，形成具备系统性、科学性、完整性的生态产品目录清单和信息云平台。生态系统生产总值（gross ecosystem product，GEP）是在生态系统价值核算或技术评估、方法与实例积累的基础上，借鉴国内生产总值概念加以优化，而被纳入国际统计标准，即环境经济核算体系——生态系统核算，为推进生态产品价值核算规范化奠定了理论与实践的基础（邱凌等，2023）。启动生态产品价值实现过程首先需要明确特定地域范围内具备价值实现潜力的生态系统服务类型，形成生态产品目录清单；其次需要核算生态产品价值总和，包括生态系统提供的物质产品价值、调节服务价值与文化服务价值（欧阳志云等，2013）。生态产品价值核算机制分为生态产品实物量化与价值量化以及显现通量的动态变动趋势，随后出现当量因子法、服务功能价值法和基于能值转化的评估法（刘哲等，2022）。目前当量因子法主要是对区域面积大的生态功能进行核算，包括矿区、森林等（龙精华等，2021；唐琳等，2020）；服务功能价值法计算的总价值是由生态系统服务功能量的大小及价格决定的（Kareiva P，2003）。而运用能量价值转换法评估价值对象有草原、湿地等生态系统（巩芳等，2020；王显金等，2018）。在以上三种不同的生态产品价值核算方法中，功能价值法中的经典应用为 GEP 核算。

经过国内学者广泛研究，发展和进步中的生态产品价值核算方法包括 GEP

核算、绿色 GDP 核算和能值核算（康传志等，2022）。GEP 核算（生态系统生产总值），是指生态系统为人类福祉和经济社会可持续发展提供的各种最终产品与服务价值的总和。绿色 GDP 核算是指经环境核算调整后的国民经济核算结果，是以传统国民经济生产总值（GDP）为基础，把未合理利用的自然资源与生态环境产生的资源消耗成本、环境退化与生态破坏成本予以扣减后的核算结果。GEP核算具有以下三个步骤（见图 2-1）：从核算生态系统为人类社会提供产品与服务的功能量，到价值量核算，再到所供给产品和服务价值的总额（石敏俊，2022）。GEP 核算可以为六大机制的建立提供基础支撑，即调查评价机制、价值评价机制、经营开发机制、补偿保护机制、保障机制和推进机制（张籍、邹梓颖，2022）。通过分析生态系统提供的产品和服务的核算方法及价格，对 GEP 核算形成了完整的定价体系（操建华，2016）。在生态产品价值研究中，需要对生态产品核算大纲、指标构建体系、研究方式方法进行强化，还要对关键参数等重要方面进行规范，使 GEP 核算的系统性、可重复性以及结果横向可比性得以实现（马国霞等，2017；白玛卓嘎等，2017；卞文志，2015）。GEP 机制核算还存在着些许不足，如果要以 GEP 和 GDP 双核算促进绿色可持续发展，那么需要梳理正确的发展观、政绩观；建立核算框架，组织评估生态家底；建设监测网络，提供数据支撑；因地制宜科学运用 GEP 成果（古小东，2018）。

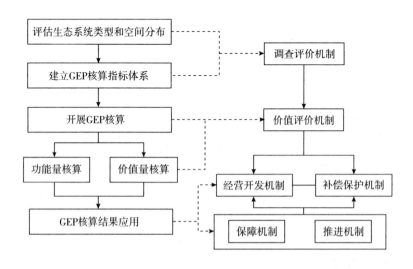

图 2-1　GEP 核算与生态产品价值实现机制的耦合关系

三、生态产品价值实现路径的研究

生态产品拥有复杂多样的特点，而且对于不同市场属性的生态产品，各自的实现路径也大相径庭（李燕等，2021）。生态产品价值实现路径主要可以分为政府路径以及市场化路径。政府路径主要是对具有受益面广，权责利难以界定属性的公共性生态产品通过财政转移支付和财政补贴的形式，使其价值得以实现。包括两种补偿：第一种是生态补偿，如生态补偿基金，涉及生态福利彩票，第二种是生态修复及价值提升（樊轶侠、王正早，2022）。在生态宏观经济学派中，政府主导型价值的实现方式是最被推崇的生态产品价值的实现方式，与个人相比较，政府更易充分掌握深层次信息，更加明晰对资源与环境保护价值的认识，这也使得通过环境决策更加容易支付相对小的行政成本（宋德勇、杨柳青青，2017）。政府主导型价值实现的产品类型一般包含以下四种：①规制呈现强制性，自然资源保护范围或生态修复区域进行明确划分；②通过高层介入，引导地方合作的方式实现共同保护；③将生态系统服务的成本和收益作为参考，以财税政策为依据，课税对象为受益者或干扰者，补贴对象则为保护者；④建立许可制度以保证自然资源的合理使用，同时也要确定资源稀缺性的地位（高晓龙等，2019）。从多种动因出发，政府拥有生态产品实际使用者代理方的身份，实施的手段结合了经济、法律、政策和行政等多种方式，补贴遭受正外部效益损失的生态产品提供者，征税对象为产生负外部性的生态产品使用者（丘水林、靳乐山，2021）。以土地政策、金融工具、产业发展等方式为依托，持续探索生态产品价值实现的多元路径，不断满足人民群众对日益增长的优美生态环境的需要和对优美生态产品的需要（罗明等，2020）。公共性生态产品交易，政府提供先导条件，包括法律法规或强制性政策及时出台、依据市场公平公正发展为原则而对交易规则进行制定和调整、对市场交易活动及主体进行监管等（张丽佳、周研，2019）。通过政府法规政策指引，有助于完善绩效考评和自然资源资产离任审计等制度规范，从而促使地方由当期经济利益最大化向长期绩效考评转变（高吉喜等，2016）。财政资金补偿用于生态功能区、生态公益林、自然保护区、退耕还林等重点区域，这是一种生态补偿，是为了弥补当地民众为了保护修复生态环境而牺牲部分经济发展权所带来的部分损害（张传兵等，2022）。市场主导型价值实现的核心思路是使市场在自然资源配置中的主导性作用充分发挥，自然资源保护者和增益者能从中获益，而受益者和干扰者要从中得到惩罚，进一步实现生态产品货币化机制（李忠，2020）。市场化工具的焦点在于将生态产品变成货币化产品，借助市场机制完成外部性的内部化（张晏，2017）。通过定价和交易实现经济价值，而生态产权交易主要是由于不同主体对于环境权益的需求存在一定的差异，产生了在市场上流动交易的行为，例如，排污权交易、用水权交易和碳排放权交易等（张颖、徐祯彩，2023）。为了用市场化手段完成节能减排和保护生态的目标，需要通过特定市场交易标的、统一交易市场以及严格市场交易规则来实现，如排污权、碳排放权（周斌等，2022）。市场主导路径分为生态产业化经营、权益交易、绿色金融以及其他路径（刘江宜、牟德刚，2020）。实现生态产品价值转化离不开多源资金支持、各类技术支撑和各项政策保障，通过五种路径的有效结合（见表2-2），进而让生态产品价值实现机制更稳健（张倩霓等，2023）。

表2-2 生态产品价值实现路径分类

分类	具体路径	分类	具体路径
资金链	生态保护补偿	产业链	生态产业化
	生态修护		产业生态化
	绿色金融	政策链	自然资源产权制度
交易链	生态权属交易		领导干部离任制度
	资源配额交易	技术链	自然资源检测技术
	资源产权流转		生态产品价值核算技术

资料来源：张倩霓，王晓欣，钱贵霞. 基于"两山"发展模型的生态产品价值实现路径——以内蒙古为例［J］. 生态经济，2023，39（5）：222-229.

四、生态产品价值实现模式研究

生态修复和环境综合治理模式。生态修复及价值提升是指对受损退化或功能失调的国土空间生态系统通过生态修整、复建等形式，实现生态功能增强、生态系统健康稳定、生态产品供给增加和价值提升的活动（刘向敏，2020；杨忍等，2021）。生态修复可以被视为投资项目，实施过程必须开展融资，政府、社会、企业以及其他利益相关者等共同构成融资的资金来源（Huysegoms等，2019）。市场化投入机制视角下的自然生态系统保护修复模式还包括郊野公园、光伏治沙、旅游观光、特色中药等（张春华等，2018；盖志毅等，2010；常兆丰等，2018；Montero F J 等，2022）生态私人产品交易和生态产业化模式。生态产业化经营指生态产品和服务通过生产开发、管理经营、市场营销等实现价值创造和增值，并满足人们生态需求的系列活动（谷树忠，2020）。安吉县依托绿水青山发展生态农业以及生态旅游，实现了真正的绿色财富（张孝德，2015）。通过总结并分析各地自然资源领域中生态产业化实践案例的经验，以产业化开展路径和形式为视角，实践模式可归纳成三种，分别为丰富生态产品形态、创新生态产品业态、推动生态资源产权流转（张婷等，2022）。自然资源生态产业化经营是以优良的自然资源为根基，以供给生态产品和服务为途径，以实现价值增值为结果的产业资本运动过程（柯平松，2020）。茶文化产业的发展需要遵循文化经济的发展规律，积极整合资金、技术、人才、信息、文化等产业要素（彭桂芳，2021）。乡村生态产业化应该加快推进各类地理工程实施并注重后期的监督和维护，健全乡村生态产权管理机制以及邀请专家或第三方开展生态产业化评估（张轩畅等，2020）。生态资源资本化与生态权属交易模式。用商业手段救助野生动物，爱护自然环境，提升水资源质量的过程中也创造经济效益（Anderson，1991）。生态资源资本化路径可划分为直接与间接转化路径，前者是将生态资源的优势转化为生态产品并通过直接交易获得价值，后者是通过配置生态资产优化、整合绿色产业、嫁接金融市场工具等方式实现生态资源增值（张文明、张孝德，2019）。生态资源转化为生态资产的前提是其具有稀缺性、效益性和所有权的明晰性，而只有当拥有者可以自由转让生态资产且享受未来收入回报时，生态资产才会转变为生态资本（严立冬等，2009）。在生态文明、精准扶贫和乡村振兴等战略推进中，各地乡村由此发展了特色鲜明的生态产业化模式，如以农业优势和生态旅游为主的安吉模式（庄晋财、王春燕，2016）。生态建设集聚社会力量，生产经营采用市场手段，生态资源达成价值增值是调和生态建设与产业发展冲突的主要方式（Fenech Adam 等，2003；严立冬等，2010），并提出生态经济化、生态资产资本化、特色生态经济等与生态产业化相关理念（刘彦随等，2006；谢高地、曹淑艳，2010；高吉喜等，2016）。生态资源权益交易指政府通过管控与设定限额的方式，对自然资源使用和污染排放等权益指标在产权人和受益人之间进行交易的活动（张林波等，2021；王会等，2022）。财政收入、产业聚集、产业结构、外商投资、环境规制等因素会对产业生态化造成一定影响（杨得前、刘仁济，

2017；郭付友等，2019）。产业生态化可以将生态与生产、分配、交换、消费的各个环节相结合（曾晓文、刘金山，2016）。产业生态化发展要经过洁净生产、产品物质降低、产业链扩展、完善经济产业园等过程（谢家平、孔令丞，2005；孟祥林，2009）。

五、生态产品价值实现保障机制的研究

健全生态产品价值实现保障机制，就需运用生态产品价值考核、生态环境保护利益导向、绿色金融服务等手段，建立政府、企业、社会组织、个人等多元主体共同参与生态产品价值实现的激励约束机制，形成协同推进的整体合力。

建立生态产品价值考核机制，充分发挥考核的领导性作用，能有效巩固生态环境稳定向好的趋势，要着力从评价指标、考核方法、奖惩形式等方面发力，并强化考核结果的应用，激励政府主动提升生态产品供给能力和水平。生态产品价值考核要聚焦与高质量发展相结合、聚焦与主体功能区战略的结合、聚焦与"关键少数"群体的结合（郑启伟、李思远，2021）。生态产品价值核算体系要综合考虑经济发展过程中的资源消耗、环境损失和生态效益（李志萌等，2022）。对于以供给生态产品为主的重点生态功能区来说，要以逐步降低或者划掉经济发展类指标作为考核，考核重点为生态产品供给能力、环境质量改善、生态保护效益等方面指标，将 GEP 变动量作为判断领导任期内当地生态效益变动效果的考核依据（张籍、邹梓颖，2022）。在对 GEP 的区域性生态补偿进行考核激励机制时，相对绩效考核激励实施的主力在于融合各重点生态功能县的地理位置、生态关联等方面，判别出具有同等系统风险和比较性的区域（靳乐山等，2019）。绿色 GDP 绩效考核应整体加入市州县层级、各级单位绩效考核以及干部实绩考核（倪艳、秦臻，2019）。

绿色金融是推动生态产品价值实现必不可少的催化剂。加大绿色金融服务力度，经过金融组织、融资渠道、服务形式和管理策略等创新，有利于把生态优势转化为发展优势，有效解决"融资难""融资贵"等问题，促进绿水青山向金山银山转化。在 2016 年中国人民银行联合六部门发布的《关于构建绿色金融体系的指导意见》中将绿色金融定义为金融业为保障环境质量、缓解气候改变和节制资源使用所实行的高效经济活动，如对环保、节能、清洁能源、绿色建筑等领域提供的金融服务。自然资本产权运作属于绿色金融新领域范畴，以其发展生态经济的路径包括以下三个：一是确切的自然资本产权，重点在确权登记及分离两权；二是进行自然资本产权的价值核算；三是将自然资本产权进行市场交易及金融创新（张伟，2018）。更强调金融行业的绿色程度，认为绿色金融本质上有助于消弭因环境的公共物品属性而带来的资源过度消耗问题，从而促进经济增长（牛海鹏等，2020）。金融机构持续使服务手段和绿色金融产品不断创新，构建了涵盖绿色股权、绿色债券、绿色保险、绿色基金在内的多样化绿色金融工具体系（廖林，2022）。

六、生态产品价值实现政策制度的研究

健全生态产品价值实现的政策制度是支撑生态产品实现模式和机制得以有效运行的重要保障，也是培育经济高质量绿色发展的重要根基。关于在生态补偿政策体系持续完善上，多数PES方案对约定的生产行为实行单位面积固定的付费方式，或是依据生态产品提供的价值及成本单独或两者结合，在空间或代理机构间分开付费。发达国家政府强调在生态环境保护领域引入多元化的激励计划，主要体现在以下三个方面：一是政策或资金补偿，包括税收减免、低利率贷款等方式；二是实物补偿，如纽约市政府向未有优先开发权的企业或私人出售自有土地；三是智力或技术补偿，如德国提供的农户专业教育，促进重点生态功能区、国家公园、自然保护区、生态保护红线等综合补偿要逐步取代生态保护补偿由流域、森林、草原、湿地等单领域补偿（丘水林、靳乐山，2019）。行政化生态补偿向市场化生态购买转变，依据购买服务为先的理念逐步完善国有和集体公益林管护机制，政府赎买范围应包括由于公益性设施建设而新规划的生态区位林，实行重点区域商品林限伐补偿政策等（黎元生、胡熠，2015）。通过完善生态保护法律及监督管理保障体系、交易平台规范制度、财税支持加大措施等来支持生态产品交易补偿机制的政策（王德凡，2017）。生态补偿保障机制包括生态补偿的经济制度、管理制度、法律制度和社会制度等（刘丽，2010）。应加快生态补偿法律制度建设、整合现有制度，构建中央财政支出、区域间横向生态补偿和市场交易"三位一体"的生态补偿制度体系，并完善相关政策制度评价体系（邓远建等，2015）。重点生态功能区生态补偿制度的设计要以"还清欠账、不欠新账、和谐发展"为原则，逐渐形成不同类型主体功能区的生态补偿制度，完成实质的利益再平衡（刘雨林等，2008；孔凡斌等，2010）。关于生态权属交易制度逐步

探索上，在对实践的探索中，分析了关于水权交易和特许经营权的政策（蒋凡等，2021；刘峥延等，2019）。根据特定领域新的制度要求，在新建立的市场里生态产品利益相关方可以就权利、许可证等进行交易（Pirard R.，2012）。国家作为生态资源的所有者，把生态资源作为使用权通过租赁、承包等各种方式转让给自然人或者企业法人经营，而且容许自由转让生态资源经营权，促成生态产权交易市场良好运转，以此加强生态保护（刘庆宝、臧凯波，2013）。排污权交易制度应在法律上明确生活污水治理者对污染物削减量的产权、扩大主体交易范围，可以让城镇生活污染治理企业参与排污权交易、在一定条件下允许城市工业源和部分生活源排污许可量算总账（贾宁等，2022）。对于协同推进排污交易权与碳排放权交易要完善相应的法规体系、启动重点区域排污权交易试点、开展环境权益交易相关平台整合前期调研（蒋春来等，2022）。为了进一步完善排污权制度交易体系需要坚持国家顶层设计与地方探索相结合；厘清政府、交易平台、市场主体之间的关系，明确政府的管理和规制范围；注重排污权交易制度建设的协调性和系统性（王振兴、周建国，2021）。关于绿色金融体系逐步完善上，促进绿色金融政策体系的探索完善，需要明晰内涵功能、完善政策体系框架、加强商场体系建设，促进绿色低碳转型、完善运行机制，保障绿色化落地、借助政策工具，租金市场需求契合以及完善激励约束机制，挖掘内生动能积极性（杜明军，2022）。完善绿色信贷政策的关键在于完善相关法律法规体系和优化有关体制机制，如健全绿色信贷约束和监督机制，构建绿色信贷激励机制，推进绿色信贷产品创新，完善商业银行绿色信贷制度体系建设，完善信息沟通机制，提高环境风险评估精细化水平等（舒利敏、杨琳，2015）。绿色信贷需要在国家层面上制定相应的政策法规，加强环境及社会风险管控（何德旭、张雪兰，2007）。绿色信贷需政府主导相关配套政策的建立完善，引导经济利益与社会责任统一（陈立铭等，2016）。不断完善金融业、项目企业发展绿色金融的法律法规，可以为建立绿色金融货币政策、财政政策支持体系等提供一个基础的框架，从而为完善绿色金融政策支持体系提供根基（蔡玉平、张元鹏，2014）。政策在引导金融支持和生态保护与试点探索时，应该结合货币政策工具拓展运用、完善配套激励政策体系、鼓励开展环境权益融资以及开展绿色金融试点示范（王江渝等，2022）。总体而言，关于生态产品价值实现政策的研究主要集中在研究政府主导的生态补偿相关法律及制度问题，对如何创新生态产品权属交易的制度研究较少。

七、文献评述

现有研究为本书提供了宽广的研究视角和良好的研究基础，学者们对生态产品价值实现的研究相对较为丰富，从政府和市场两个角度对生态产品价值核算、实现路径与模式、补偿机制、市场交易等方面都进行了深入的研究。其中为跨区域协作发展以及产业经营多样化等方面提供了多种对策，但是综观学界现有研究成果，还存在以下三个研究"瓶颈"：

（1）在深度上的研究缺乏聚焦点。现有对生态产品价值实现的研究覆盖了实践方式、制度制定、模式探索等方面，但是对于很多具有公共性的生态产品产权研究确定还面临较大难题，缺乏清晰的产权界定以及确切的市场交易规则来保障相关生态产品价值实现。

（2）在内容上的研究缺乏推广性。现有对生态产品价值实现的研究主要集中在资源充足区、国家规定试点地、环境脆弱区等呈现特殊性的区域，而对于那些缺少资源及政策扶持的区域研究较少。这样就使对生态产品价值实现的研究成果难以推广和普及，缺乏可复制的生态产品价值实现模式。

（3）在形式上的研究缺乏深入性。现有对生态产品价值实现的研究还是以静态和比较静态的分析为主，较少关注生态产品价值实现的动态演进趋势，对其演进背后的驱动因素关注得更少。

总体而言，我国对生态产品价值实现研究时间不长，所以对生态产品产权界定与核算难题、探索其交易机制问题的研究起步较晚，在生态产品的内涵、估值与核算、生态补偿、市场交易方面仍存在较大的分歧，理论分析框架和实证研究仍需进一步探索。那么，在奋力打造国家生态文明建设高地的背景下，江西作为国家生态文明试验区省份，国家生态产品价值实现机制试点省份，到底面临怎样的困境，制约它的"瓶颈"又在哪里？在生态产品价值实现持续给予资金补偿和政策等支持的前提下，江西省生态产品价值实现的目标和路径究竟如何？时空格局如何演变？不同区域、不同类型的生态产品价值实现模式上有何差异？有哪些因素在影响江西生态产品价值实现的成效？其他省份关于生态产品价值实现的实践探索对江西有何经济启示和教训？如何按照可行性、有效性、示范性的要求，走好生态产品价值实现的多元路径？如何创新体制机制，完善相关政策制度保障？这些问题都有待进一步深入思考和探究。

第二节　本书所运用的理论工具

一、"两山"理论

"绿水青山重生态效益，金山银山重经济效益"，"绿水青山"是对当前我国经济高速发展与生态环境不均衡这一时代问题的回答，强调人与自然的协调与调整，不能把提高后的生产力当作单纯地利用、改造自然的工具，而是要把"绿色"的发展思想与社会生产力的发展相结合，使"绿色"成为一种能够维护和促进生产力持续发展的动力（黄宽勇，2020）。

2005 年 8 月，习近平总书记首次提出"两山"理念，2006 年 3 月，习近平进一步系统性地阐述了绿水青山与金山银山之间的关系，并从用绿水青山换金山银山，到既要金山银山也要留住绿水青山，再到绿水青山就是金山银山，这三个阶段发展历程阐述了"两座山"之间的联系（刘辉等，2022）。2015 年 3 月 24 日，中央文件正式写入"坚持绿水青山就是金山银山"理念。党的十九大报告指出，要牢固树立和实践绿水青山就是金山银山的理念，形成以绿色为导向的发展和生活方式，坚定走生产富裕、生活富足、生态良好的发展之路（韩旭东等，2021）。

"绿水青山就是金山银山"的发展理念有机融合了生态文明建设与经济、政治、社会和文化建设，使人的发展与自然环境形成动态平衡（黄承梁，2018）。"绿水青山"转化为"金山银山"是要素价值实现和增值的过程，生态资源自身就涵盖价值，它的资本化指的是用货币的形式来计量它的价值，使资源的价值显化和具体化（韩旭东等，2021）。除了自然属性之外，"绿水青山"还表现出明显的公有资源属性、稀缺性以及双外部性（曾贤刚等，2018）。"两山"理论作为生态价值观，从理论层面上指明绿水青山的生态定位；而且"两山"理论又作为生态方法论，从实践层面为我国生态文明建设明确了一条具体路径（杨文华等，2021）。习近平的"两山"理论丰富和发展了马克思关于自然资源利用与生产力发展关系，也是正确处理两者冲突的重要方法（叶冬娜，2020）。"两山"理论的精髓就是对生态环境与生产力关系的深刻认识，这是对生产力理论的一次重要的拓展，也是对生态保护与经济发展的深刻认识，更是对财富增长理论的一次重要的拓展（陈建成等，2020）。

在"两山"理论的指导下，探讨了自然资源资本化的实现机制，并通过"生态银行"模式来实现生态产品的市场化（崔莉等，2019）。"两山"理论再次明确乡村生态旅游是乡村振兴统筹化实践又一紧要的转换路径（海笑等，2020）。近几年来，海盐县以"绿水青山就是金山银山"作为指导理念，坚定不移地发展"工业强县、生态立县、文旅兴县"战略，形成在发展中保护、在保护中发展的良好循环，这样的绿色发展之路，不仅使当地经济得到快速发展，而且也使生态环境得到了持续性改善（陈玲芳，2020）。"两山"理论转化，以实现生态产品价值为主线，以区域绿色高质量发展和创新发展为主方向，完成区域"三产"与经济的结合发展，使优良的生态环境提高了人们的生活品质，并保障了社会经济的健康发展（郑博福等，2020）。在"两山"理论指导下，矿山公园的旅游经济开发根据当地的具体情况来进行规划和设计，既要使传统的矿产资源得到可持续的利用，又要给矿区的经济发展灌注新的活力（张春萍，2020）。兴业银行紧跟"两山"理论的步伐，于理论提出的当年就在国内率先探索绿色金融交易，范围从节能减排贷款到排污权质押贷款、碳资产质押贷款，再到绿色金融债、绿色信贷资产证券化等（陶以平，2020）。"两山"理论在"三农"领域的应用在党的十八大以来的八个中央一号文件中均得到了体现（金书秦等，2020）。由上分析可知，生态产品价值实现模式和机制是基于"两山"理论的指引和演绎。关于生态产品价值实现的相关问题，正是依据"两山"理论绿色发展理念、人与自然和谐共生理念，探索实践生态资源经济化与经济发展生态化模式发展的结果（见图 2-2）。

二、要素价值论

1802 年，法国经济学家萨伊提出要素价值论，认为在生产过程中共同创造商品价值的生产要素分别为土地、资本、劳动。萨缪尔森（1996）用"边际生产率""边际收益产品"等来说明"收益"和收入分配的关系，认为"工资属于劳动价格，地租属于土地价格，利息属于资本价格"。克拉克（1981）将要素价值论与资本主义存在的合理性直接联系，主张充分发挥自然规律作用后，劳动者会被分配到由劳动所产生的物质，资本家会被分配到由资本所产生的物质。生产

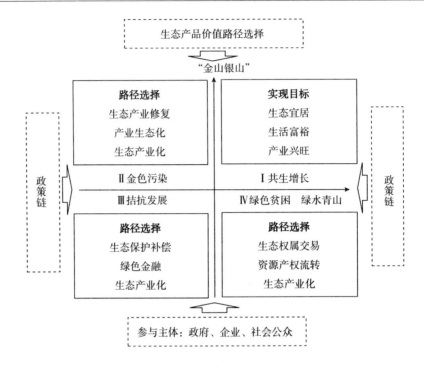

图 2-2 "两山"发展模型与生态产品价值实现路径示意关系

注:横坐标"绿水青山"表示自然资源的富足,具体包括土壤条件、气候状况、生态环境等。纵坐标"金山银山"表示综合经济能力,具体包括产业构成、工业情况、GNP 等。

要素价值论的分配法则是各种生产要素共创的价值应归各种生产要素所有者共享,新创的价值由各种生产要素的转移价值和新增价值构成(漆亮亮,2004)。现代经济学的要素价值论,将投入转为产出的过程称为生产,也就是把各种生产要素结合起来形成最终的产品(许平中,2003)。

三、资本循环论

在《资本论》(第二卷)第一篇中,马克思通过考察资本流通领域中的产业资本循环过程,形成了资本循环理论,为理解产业资本的生产和流通提供了关键理论基础。

弗利(Foley,1982)量化了资本循环、价值实现与资本积累之间的内在联系,并以扩大再生产积累率不变为假定,厘清资本积累和价值实现两者之间的逻辑关系(Foley D. K.,1982)。科茨(Kotz,1991)借鉴并拓展了弗利的思想,将资本循环理论用于资本主义危机的分析中（David M. Kotz，1991）。马修斯（Matthews，2000）基于弗利的研究，运用1948~1989年的数据，建立一个关于资本循环的宏观经济计量模型，对资本循环各个要素的定量化分析进行了扩展，批判了学者对马克思资本循环理论难以操作的错误观点（Peter Hans Matthews，2000）。桑托斯（Santos，2011）还从弗利的观点出发，基于资本主义经济内部稳定视角，提供了一个关于经济中存贷、资金流的宏观经济视野的相对静态分析（Panlo L. dos Santos，2011）。

从资本循环理论的角度来看，绿色发展是人类为了保持人与自然的和谐共处与动态平衡而对资本增值行为的主动约束和调整，是人类保护和优化自然生态系统的劳动进入资本增值过程，依靠主动培育绿色需求，实现传统资本循环与生态资本循环有机统一的价值创造过程（杨军等，2022）。参考资本循环的三个阶段，并与生态产品本身的特性相结合，把生态产品价值运作机制分为四个阶段（见图2-3）：①准备阶段为生态资源资产化；②购买阶段为生态资产资本化；③生产阶段为生态资本产品化；④销售阶段为生态产品货币化（高樊等，2022）。生态资本作为生态产品价值实现的起点，通过价值增值和循环周转的方式来使生态产品得到持续供给，生态产品价值实现过程与资本循环过程呈现有机统一性，这与

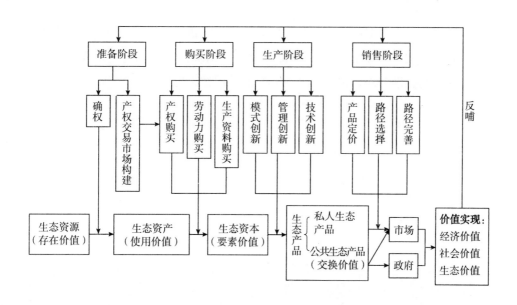

图2-3　资本循环理论视角下生态产品价值运作机制与实现路径研究

资本循环论的一般原理相吻合（张雪溪等，2020）。从发展的角度来看，"绿水青山就是金山银山"可以认为是资本循环理论指导下的区域优势转化原理在生态环境领域的具体实践，生态价值的发现与生态财富的形成过程是这一转化的结果（龚勤林、陈说，2021）。

第三节　本章主要观点

本章对生态产品价值实现的研究动态以及本课题所运用的理论工具做了系统的梳理、归纳和总结。厘清生态产品价值实现的历史演进与内涵要义，是江西生态产品价值实现研究问题的逻辑起点，为了掌握生态产品价值实现研究动态，本章从生态产品价值实现的内涵研究、生态产品价值实现核算的研究、生态产品价值实现路径的研究、生态产品价值实现模式的研究、生态产品价值实现保障机制的研究以及生态产品价值实现政策制度的研究等方面做了综合归纳和总结，并指出当前文献在研究尺度、研究方法和研究内容上的不足，从而为本书后续研究做了充分的文献准备。

除此之外，为了寻找生态产品价值实现研究问题的理论工具，本章简要地介绍了"两山"理论、要素价值论和资本循环论的理论演变和理论框架，并分析了以上理论对生态产品价值实现问题研究的适用性和指导性。

第三章 江西生态产品价值实现的历程演变、主要成效与问题障碍

第一节 江西生态产品价值实现的历程演变

江西生态环境优美、自然禀赋优良，历届省委、省政府始终高度重视生态文明建设。近年来，江西全面推进生态文明建设，生态环境质量持续巩固提升，"绿水青山"向"金山银山"的转换渠道不断扩大，绿色发展综合水平不断提升，优渥的绿色生态优势正加速转变为经济发展新优势，为建立生态产品价值实现机制提供了良好的基础。江西省生态产品价值实现历程大致经历了以下三个阶段：

一、第一阶段为 2010 年之前，为生态产品的孕育期

随着中央把环境保护作为我国的基本国策，江西较早地树立了生态发展的理念，并积极探索。1982 年 11 月，江西省委、省政府结合农业生态优势，带动整个经济全面发展。1983 年，省委、省政府确立"治湖必治江、治江必治山、治山必治贫"的生态修复和利用模式。20 世纪 80 年代初全省森林覆盖率仅为35.1%，通过总结山江湖治理成功的经验，1992 年省委、省政府全面培育、有效保护、合理开发森林资源，充分发挥森林的生态优势和经济效益。1999 年，明确提出"生态立省"战略，并制定了《江西省生态环境建设规划》，分近、中、

远三期对江西省生态环境改建进行科学规划。2005 年 12 月，江西省委十一届十次全会提出"充满活力、富裕文明、山清水秀、和谐平安"的发展目标后，江西不断深化和创新发展理念，提出"科学发展、绿色崛起"的发展战略。2008年，江西省在全国率先出台河湖及水域源头保护意见，划定包括省内五大河流域源头以及东江源头地区共 40 个乡镇的补偿范围，制订区域内生态补偿法律机制实施方案。同年，江西省开展《赣江流域水资源生态补偿机制课题研究》，为开展流域生态补偿试点工作奠定了理论基础；同年，启动了"五河"及东江源头所在县（市）生态环境保护财政奖励政策。2009 年 12 月，鄱阳湖生态经济区升级成国家战略，由此开启了探索与生态协调发展模式的重大实践。

二、第二阶段为 2010~2020 年，为生态产品价值实现探索期

2010 年《全国主体功能区规划》首次提出"生态产品"概念，将其定义为维系生态安全、保障生态调节功能、提供良好人居环境的自然要素，包括清新的空气、清洁的水源和宜人的气候等。2012 年赣州市上犹县提出了"同城发展、绿色赶超"发展战略，通过科学地利用生态资源优势，先后获评中国天然氧吧、国家重点生态功能区、国家绿色能源示范县以及全国生态保护与建设示范区。2013 年 7 月，江西省委遵循"发展升级、小康提速、绿色崛起、实干兴赣"十六字方针，将其中的"绿色崛起"作为发展重点。2014 年 7 月，江西省成为全国 5 个全境入选国家首批生态文明先行示范区的省份之一。2015 年 11 月，在全国率先实行全境覆盖式流域生态补偿机制。2018 年初，对试行办法进行修订，使全流域生态补偿机制进一步得以完善。"十三五"期间，全流域生态补偿共统筹 141.49 亿元，该资金用来保障覆盖全省所有县（市、区）的纵向流域补偿。2016 年，江西省被设立为国家生态文明试验区之一，同年就江西省范围内自然资源开启统一确权登记试点工作，选取南昌新建区、九江庐山区、鹰潭贵溪市、宜春高安市和抚州市南城县 5 个县（市、区）为先行试点。2016 年 8 月，以生态文明先行示范区建设为基础经验，在充分总结和不断实践后，与福建省、贵州省同时纳入首批国家生态文明试验区，江西省生态文明建设获得了更高重视。2016 年 12 月，国家提出建设第一批山水林田湖试点，寻乌县正式开始废弃矿山环境综合治理与生态修复工程，同时实现了生态效益和经济效益。2018 年 7 月，江西省委十四届六次全会确立"创新引领、改革攻坚、开放提升、绿色崛起、担当实干、兴赣富民"的工作方针，并明确指出江西发展的绝佳路径就是"绿色崛起"，要鼓足干劲增强生态质量和效益，让绿色成为江西发展最靓丽的底牌。2018 年，大力实施生态产业"九大工程"，包括稻米业、蔬菜业、瓜果业、茶叶产业、中药材业、畜牧业、水产养殖业、休闲农业和乡村旅游业、油菜业。2018年 4 月，依据"谁污染，谁付费，第三方治理"的原则，提高治污效益和专业化程度，按照相关法律法规以及排污企业委托要求，规定第三方治理主体理应承担相匹配的污染治理责任。2018 年，江西省按照《自然资源统一确权登记试点方案》规定集中部署，积极有序开展统一确权登记工作，推进确权登记法治化。2019 年 6 月 18 日，在上海证券交易所发行全国首个绿色市政债。2019 年，江西省政府工作报告确切指出，要着力打通"绿水青山与金山银山"双向转换通道，以更高标准打造"江西样板"。

三、第三阶段为 2020 年至今，为生态产品价值实现深化阶段

2020 年，习近平同志指出要加快构建生态产品价值实现机制，使"绿水青山"的"生态"和"经济"两个真正的"两面性"得到充分体现。同年，国家发展和改革委员会印发《国家生态文明试验区改革举措和实验做法推广清单》，明确了国家生态文明试验区具体改革措施，为其他地区进行生态文明实验探索提供了范式依据。2020 年 9 月 22 日，习近平同志在第 75 届联合国大会一般性辩论上提出"碳达峰""碳中和"的生态效率概念。2020 年 7 月颁布实施《江西省非金属矿业绿色矿山建设标准》等九个地方标准。2020 年，针对生态文明建设的各个领域相继出台《江西省生态空间保护红线管理办法》《江西省湿地保护工程规划》等法规制度，推动建立"四级三类"的国土空间规划体系和"三线一单"管控制度，统一高效的国土空间规划体系基本建立。实行最严格的耕地保护制度，统一保护、修护山水林田湖草，有效管控了重要生态空间。流域综合管理和保护不断完善。积极探索流域综合管理制度，对流域管理与行政区域管理相融合的水资源管理体制进行完善，统一规划、调度、检测、监管对流域的开发与保护。实施《关于在湖泊实施湖长制的工作方案》等系列政策和管理制度，确保了流域管理全面展开并取得明显成效。2020 年 3 月，江西省基本形成全面构建自然资源资产产权制度体系顶层设计。2020 年 8 月，资溪县在全省首先创建"绿水青山就是金山银山"价值转化服务中心，为创建生态产品价值实现机制提供了

有益启示。2020 年江西省生态环境厅印发《关于开展林业碳汇项目开发试点工作的通知》，实施了第一批林业碳汇项目，选取了林业资源富足、原贫困人口较多的抚州市南丰县、吉安市吉安县、赣州市崇义县作为试点。同年，在全国率先出台《关于推动开展大型活动碳中和工作指导意见》打造"试点项目开发——大型活动消纳"的林业碳汇交易模式，发挥林业碳汇在乡村振兴和生态价值转换方面的积极作用，赣江新区作为国家绿色金融改革创新试验区，于 2020 年对辖区内的金融机构兑现 2019 年度 1479 万元绿色金融优惠政策奖金奖励，200 余家金融机构被吸引聚集于此。2021 年 6 月 23 日，省委、省政府印发了《关于建立健全生态产品价值实现机制的实施方案》。2021 年森林旅游节等活动和会议均通过购买林业碳汇实现"碳中和"，与中国贸易促进会、中国绿色碳汇基金会、江西省贸易促进会、赣州市政府共同做好 2021 年中国国际生态竞争力峰会"碳中和"项目相关工作。2021 年相继出台《江西省林业碳汇开发及交易管理办法（试行）》（以下简称《管理办法》）、《江西省森林经营碳汇项目方法学（试行）》，在《管理办法》中明确提出重点支持国家级重点生态功能区优先开发。同时，为便于操作，试点项目开发的总体框架按照国家的方法学要求进行，在具体流程上进行了适当简化。2021 年江西省公共资源交易集团大力推动大型"碳中和"，并开发运营了"江西省碳中和平台"，于 2021 年开展了第二届鄱阳湖观鸟周、中国航空产业大会暨南昌飞行大会、森林旅游节等共计 1000 余次的活动碳排放核算与"碳中和"认证，"碳中和"量达 6634 吨。2021 年 7 月，资溪县率先发布《"两山银行"运行管理规范》，成为江西省的 1 个地方标准。2021 年 9 月 29 日，中国南方生态产品交易平台网站上线，为社会大众提供生态产品相关活动资讯。2021 年 12 月 17 日，由公共资源交易集团与上海环境能源交易所共建的全国碳市场能力建设（上海）中心江西分中心成立，旨在增强全省企业碳排放管控能力。2022 年 1 月 24 日，江西省将万年县作为首批建设试点县，挂牌成立"湿地银行"。2022 年，按照"固本强基、示范引领、整体提升"三方面策略，稳固部署"五个推进"，着重打实"五个基础"，努力筑牢"四梁八柱"，把江西省打造成全国核心绿色有机农产品生产大省和全国产品、生产方式两个"三品一标"示范基地。

第二节　江西生态产品的发展现状特征

一、稳固生态资源存量优势，实现生态资源资产"溢价"

生态环境的保护就是生产力的保护，生态环境的改善就是生产力的发展，生态环境的转化就是生态产品价值的提升。对于伤害甚至摧毁生态环境、损害生态环境追求眼前经济增长的发展模式要坚决摒弃，而应该秉持生态优先、绿色发展的理念，从而支撑社会经济朝着绿色健康方向发展。做好污染防治工作，着重保护与修复生态环境，建立现代环境治理体系，不断增加生态存量，强化生态功能，夯实生态产品价值实现的根基，展现江西良好绿色形象。

（一）打响碧水保卫战，全面提升水源质量

深入实施水污染防治工程，定期收集整理全省考核断面水质状况，通过健全监测网络，利用无人机航测、卫星遥感等先进科技手段，开展入河污口排查。在饮用水水源地进行保护的过程中，积极推进饮用水水源地的安全保障达标，关于饮用水水源地安全评估制度要进行完善，对县级及以上城市集中式饮用水水源地保护区进行明确划定、勘界、立标。健全和完善对集中供水水源地实行的"一源一档"管制。开展水源水质环境状况评估，推进集中式饮用水水源地规范化建设，去年共划定县级及以上城市集中式饮用水水源保护区 161 个。2020 年鄱阳湖总磷浓度为 0.069 毫克/升，同比下降 15.9%。实行水源地保护、消灭 V 类及劣 V 类水、消除城市黑臭水体、修复长江及鄱阳湖等重点湖泊水域。929 个乡镇（含"千吨·万人"）水源地共排查出 1142 个问题。在城镇污水方面，提高生活污水处理及配套管网设施建设，全面监管污水处理厂运行情况，增强城镇污水处理水平。探索"厂—网—河（湖）"一体模式，突破资金和环保技术瓶颈，加快推进城镇污水治理、水环境修复项目建设，补齐污染治理基础设施短板。在入河排污口方面，采取综合手段进行检测，如卫星遥感、无人机航测、人员实地踏勘，全面摸底排查入河排污口。同时完善工业园区污水处理设施，开展开发区污水处理全面提升行动，推进化工污染整治。2020 年已完成 1251 家重点排污企业监督性监测，1237家重点排污企业开展了自行监查。

（二）修复废弃矿山生态，换来生态"金山"

根据江西省自然资源厅数据，截至2020年底，已完成7023座废弃矿山生态修复，修复面积35.58万亩，修复座数、面积均约占总数的68%。① 持续促进废弃露天矿山生态的修复，积极加快绿色矿山建设进度，采取"边开采、边治理、边复绿"的方式使矿产开发与环境修复相结合，持续加深矿区绿化程度和提高资源利用效益，减少能耗和污染物的排放，资源开发与生态修复齐头并进，形成持续性发展的绿色矿业。修复模式创新方面，寻乌县创新实践了"三同治"模式，即山上山下、地上地下、流域上下同治，做到源头截污、系统治污，积极推进废弃稀土矿山整体保护、综合治理，进而实现治理空间覆盖、治理时间同步、治理效果稳定的全覆盖治理。通过综合的治理和修复，土壤侵蚀得到了有效的治理，土壤侵蚀强度由严重程度向轻微程度转变，土壤侵蚀总量减少了90%以上。植被质量有了很大提高，植被覆盖率从10.2%提高到95%，种类从原先的少量草本增加到了100多种草、灌木、乔木。萍乡市创新推出"常态+全域治理、生态+产业"等模式，通过对修复矿山与城市绿色用地，并采用因地制宜、多方式并举的措施，大力促进经济作物、果木栽种、稻虾种养等绿色产业发展，让近6万亩废弃矿山变身为"绿野花海"，使"灰土"重披"绿装"。

（三）强化湿地保护修护，共创绿色生态环境

深入推进湿地建设行动，出台湿地生态补偿试点实施方案，完善湿地生态系统修复与补偿制度，制定鄱阳湖湿地监测、评价、预警"三合一"机制，构建整体性生态屏障。在源头保护治理方面，以"保护优先、科学修复、合理开发、绿色发展"为原则，对湿地进行逐个全面保护和分级管理，严格控制湿地开发利用，取缔位于重要湿地保护范围内的光伏发电及城市建设项目，综合施行湿地"占补平衡"政策，加大涉湿工程项目审批管理力度，全面停止重要湿地保护区光伏、房地产等项目审批，严格审查采砂、水利工程以及重要基础设施建设项目，杜绝湿地资源的无序开发利用。

（四）五级联动落实林长制，推进林地有效建设

建立五级林长组织架构。以"统筹在省、组织在市、责任在县、运行在乡、

---

① http://drc.jiangxi.gov.cn/art/2023/2/19/art_14663_4361806.html.

管理在村"为标准,严格落实省市县乡村五级林长职责,提高乡村两级林长履职实效。持续完善林长巡林工作制度,建立健全总林长发令机制,着实增强各级林长巡林效果。

(1) 在森林源头管理方面,一是将山头地块网格化,以县(市、区)为单位,根据地形地貌、林地面积和分布、林地管理难度等因素,将全部森林资源划分成数个网格,每个网格的平均面积在 3000～5000 亩,将其作为森林资源管护职责的基本单位。二是建立"一长两员"队伍,按照村级林长、监管员负责管理若干个专职护林员的要求,构建全面覆盖、网格优化的"一长两员"森林资源管护责任体系,确保"一长两员"式管理能守护好每处网格、每个山头、每片森林。三是保障专职护林员经费,以"渠道一致、用途固定、投入集中、合力完成"为原则,对现有生态护林员、公益林和天然林管护、村级森林防火等统筹补助资金,并争取财政资金支持,保障专职护林员合理工资报酬,使护林员专心履职、用心护林。

(2) 在考核问责制方面,一是明确考核指标,统一结合林长制年度考核与森林资源保护发展工作,建立保护性及建设性指标的林长制目标考核体系。二是完善考核方案,强化过程考核,从每个指标的履行程度和日常工作表现两个方面进行量化评价。同时,设置考核指标影响度,对工作创新、上级表彰、省级以上主要媒体正面报道、先进经验推广等予以加分;对受到国家和省点名批评、省级以上主要媒体负面曝光、辖区发生森林资源重大刑事案件等予以扣分。三是严格考核问责,每年年底对各设区市林长制工作情况进行综合考核评估,考核结果在全省和省级总林长会上通报,并与生态文明建设、乡村振兴战略及流域生态补偿等考核评价内容相挂钩,可用来考核与奖惩党政领导干部。

(五) 厚植绿色生态新优势,彰显生态资源富足存量

水资源优势:截至 2021 年,江西省碧水提升攻坚战取得阶段性成效。水环境质量稳居全国"第一方阵",江西省地表水国考断面水质优良比例为 95.5%,同比上升 1.6 个百分点,位列中部省份第二;Ⅴ类及劣Ⅴ类水断面比例为 0%;长江干流江西段所有水质断面全部达到Ⅱ类标准,江西省设区城市集中式饮用水水源水质达标率为 100%。江西省经鄱阳湖自然调蓄注入长江的多年平均水量为 1457 亿立方米,占长江总水量的 15.5%,接近 1/6,超过黄河、淮河和海河三河每年水量的总和。全国重要湖泊中,鄱阳湖流域水质良好,基本属于地表水Ⅲ类

以上水质。发源于赣南的东江担负着为东江中下游及香港地区4000万人提供饮用水及工农业生产用水的职责，被称为"政治、经济、生命之水"。空气质量优势：21世纪前十年，江西省空气优良天数比率提高了8.8个百分点，细颗粒物浓度下降了34.1%，2021年，江西省空气质量创历史最高水平，全省空气质量优良天数比率位列中部省份第一，全国第六。2022年，全省PM2.5浓度27微克/立方米，同比下降6.9%，11个设区城市环境空气质量首次全面达到国家二级标准。① 环境空气质量优良天数比率为96.1%，位列中部省份第一，实现高起点上改善，高水平上提升。森林资源优势：江西省森林覆盖率达63.1%，全国排名第二，国家林长制考核位列全国第一，② 江西省现有林地面积1073.3万公顷，占国土总面积的64.2%。森林活立木蓄积量5.76亿立方米，活立竹总株数24.94亿根。生物多样性优势：是全球著名"候鸟天堂"。鄱阳湖湿地生态环境优良，为越冬候鸟提供了优渥的休憩和捕食场所，根据最新统计，每年在此处的水鸟活跃数量超过70万只，其中，珍稀候鸟种类更是超过60种，尤其属白鹤数量最高，达到了4000多只，而东方白鹳数量也很高，达到了2800多只，分别占据了全球总数量的98%和95%以上。鄱阳湖是长江江豚的重要栖息地，也是它们的种质资源库，目前鄱阳湖的江豚数量约为500头，占全国的比例接近一半。农产品优势：全国重要的"鱼米之乡"。江西是全国内陆渔业第二大省，且鄱阳湖是全国最重要的渔业基地之一。江西省粮食总产量、有机食品、绿色食品、无公害食品均多年位居全国前列，是目前为止全国唯一的"绿色有机农产品示范基地试点省"。以占全国2.3%的耕地面积，生产了占全国3.6%的粮食，供香港叶类蔬菜量全国排名第二。

二、建立健全生态补偿机制，推动生态资源变成资产

（一）建立流域横向生态机制

在东江流域生态保护补偿机制酝酿并实施的过程中，赣州市将东江流域生态补偿项目纳入国家山水林田湖生态保护修护试点统一调度，东江流域各县局成立了县级生态补偿工作小组。通过对生态环境现状的调查和评估，以实施方案为依

---

① http://drc.jiangxi.gov.cn/art/2023/1/6/art_14592_4323344.html.
② http://drc.jiangxi.gov.cn/art/2023/2/3/art_14663_4347420.html.

据，解决东江源水质、生态环境、环境保护基础设施、流域环境监管力度等方面的问题，实施了污染治理工程、生态修复工程、水源地保护工程、水土流失治理工程和环境监管能力建设工程五个方面的 79 个重点项目，共投资 18.88 亿元。同时，江西省、广东省为了建立跨区域流域生态保护长效机制，根据"成本共担、效益共享、合作共治"的原则，对东江跨省流域实施横向生态保护补偿。第一轮生态补偿已经结束，在此显著的成效上，赣粤两省签订 2019～2021 年第二轮东江流域上下游横向生态补偿协议。截至 2019 年底，省政府已到位补偿资金 13 亿元（中央资金 9 亿元，江西省、广东省级财政各 2 亿元），已累计筹集流域生态补偿资金 134.95 亿元，使水环境质量得到了有效的提升，长江中下游水生态安全也得到了保障。

（二）完善流域全覆盖生态补偿机制

以创新资金办法为"杆"，综合估量流域上下游不同地区收益高低、职责保护大小和经济发展强弱等方面后，在资金配置方面，更加重视对重点生态功能区的资助。根据生态质量评价的情况，采用因素法与补偿系数法相结合，对流域生态补偿资金分配两次，然后依据水环境、森林生态、水资源相关因素，根据水环境质量占比 70%、森林生态质量占比 20%、水资源管理占比 10% 的原则，引进"五河一湖"及东江源头保护区与主体功能区补偿系数并相乘计算，统一发放流域生态补偿资金。以强化监管跟踪问效为"尺"，补偿资金由各个县市规划使用，这些资金核心功能是保障生态环境修护、水环境治理、森林资源优化、水资源保障管理和涉及生态文明建设民生工程的有序进行。强化监管补偿资金使用，环境污染事故或生态破坏事件损害程度达到重大以上层次的市县，当年 30%～50% 的补偿金额将会被扣减，而被扣留的金额会延续到下年。以探索补偿模式为"牌"，为了提升横向生态补偿效果，要全面考量流域的各阶段区域重点生态功能区状况，采取的措施为产业转移、人才培训、共建园区等。丰富社会资金获取筹集渠道，拓宽补偿资金获取来源，并以设立生态基金的方式使生态补偿基金更加多元。与环境税费改革相结合，大力发展以市场为导向的生态补偿模式，如排污权交易和水权交易。

（三）创新林业生态效益补偿制度

石城县科学划定林地保护等级，生态公益林补偿要呈现差异化，发放生态公益林补偿 1236.61 万元、天然林补助 933.71 万元。财政资金要担起"指挥棒"

之责，积极调动林权收益权质押融资贷款，倡导社会资本参与生态补偿项目，两年累计发放林权抵押贷款 5292 万元。积极引导林农适度开发林下种养和森林游憩等自然资源，增强林农自我补偿能力，全县种植森林药材 5000 余亩，发放森林药材补助 272.89 万元、竹产业发展项目补助 349.297 万元。婺源创新开展以森林鸟类国家自然保护区、婺源饶河源国家湿地公园等为试点区域的私有化森林赎买和禁止伐木补助、协议封育试点。2021 年生态公益林补偿 3254.19 万元、公共管护补助 2342.34 万元。通过实施生态公益林补偿项目和天然林管护补助项目，有效解决了保护森林生态与保障林农权益的现实矛盾，促进林农增收，实现了天然林十年禁伐向长期禁伐的无缝衔接。资溪县探索生态公益林生态效益优质优价原则，实行分区分类补偿。铜鼓县积极探索南方珍稀树种红豆杉认种认养模式，破解名树古木等公益林保护的资金短缺问题。创新实施生态公益林差异化补偿机制，以森林质量、生态区位、管护状况等为判断，划分出重点和一般公益林，在执行中央财政和省级财政生态公益林补偿标准的基础上，实施生态公益林差异化补偿机制，重点生态公益林按照 26.5 元/亩予以补偿，一般生态公益林为 21.5 元/亩。按照公益林抚育标准实施森林质量提升，以每亩 100 元进行森林抚育补贴，完成公益林抚育 2 万亩。同时，加快新型经营模式的培育，拓展生态效益增长方式，提升森林资源经营效益，重点培育民营林场、家庭林场、林业合作社等新型林业资源培育经营主体。大力开展重点生态区位非国有商品林赎买改革试点，通过赎买、租赁、置换等方式，将重点生态区位商品林、原国社合造林、低产低效林逐步赎买，已赎买森林达 16.8 万亩。

三、生态产业化"点绿成金"，产业生态化"点产为绿"

江西省各地各部门紧紧围绕"生态产业化、产业生态化"，积极探索和实践生态价值转化实现机制，在赣鄱大地绘制一幅幅"生态秀美，绿色经济"的多姿画卷。

（一）加大生态产品供给能力，打造生态特色品牌

靖安县遵循"六字"理念，坚持生态保护建设。把"生态优势"转为农业优势。以绿色有机农业为抓手，以精致农业、休闲农业为内容，以农业庄园、农业公园、设施农业等为载体，以旅游景区景点经营为理念，创建有机农业品牌、特色农业王牌、休闲农业名牌"三大品牌"。把森林资源转化为旅游优势。壮大

发展森林旅游、森林避暑和特色森林生态产业，加大森林资源培育和旅游基础设施建设，探索发展森林康养、森林休闲养老、林业碳汇等新兴生态产业，"变砍树为看树，变卖木头为卖风景"，以景区景点升级为抓手，重点发展休闲度假、养生养老、宗教特色文化、运动休闲、旅游地产等板块，不断丰富旅游主题和产品，延伸旅游产业链，挖掘旅游激活全局的综合功能，建设中国休闲旅游目的地。

（二）保护中开发生态资源，盘活古村落商业价值

婺源县于 2011 年起将篁岭村存量集体建设用地（43.02 亩）按旅游用地（其他商服用地）办理土地征收报批手续，115 亩土地进行了报批、收储、出让。经过几年的建设与打造，篁岭村已成为一座耳熟能详的 4A 级景区，经过两年运营后荣获多个最美称号，其中"篁岭晒秋"被评为"最美中国符号"。篁岭项目以产权转换、搬迁安置为主要方式，既保留了村落建筑和古村文化原汁原味性，也体现了古村落建筑及风貌系统规划性，做到了在保护中释放文化内涵的"公司+农户"发展模式，发展成立农村经济合作社，旅游资源得到有效整合，为开发观光旅游业将农民土地进行流转，在梯田上打造四季花谷、奇异瓜果园等特色景点。同时，在古村规划建设中，开展特色餐饮、民俗表演与乡村体验等特色项目。

（三）注重绿色产业发展，打造乡村旅游样板

针对"山水林田湖"五个方面来进行生态提升时，井冈山大陇镇山在山上种植大片四季水果、白茶，在水域上修建部分小型水坝、开发鱼塘、清理水面，在林地上保存大量毛竹林、油茶林，在田地上改善冷浆田低产能力、种植优质白莲。同时，在加强并完善基础设施建设时，也提高了当地居民的生活水平，山林绿翠和白墙青瓦间是"山映斜阳天接水"的美景，也是"饭香鱼熟进中厨"的美好生活。经过征地拆迁工作、完善基础设施、美化亮化环境等环境整改建设，促进了乡村旅游业的发展。除此之外，创新地采取公司+村集体经济+贫困户的"1+8+48"的产业互助模式，即 1 家陇上行生态农业开发有限公司、8 家行政村合作社、48 户蓝卡户，共同组建红墟坊乡村旅游公司。在度假村中修建了主打餐饮的陇客来农家乐，主攻休闲的苏莲托咖啡馆，主营住宿的陇门客栈，使村集体经济发展局限性得以破解，形成了土地变产权，资金变股金，农户变股东的局面，在一定程度上确保了贫困户的收入。建造了一批地方特色小吃个体户，拓宽

了消费群体，丰富了市场交易方式。同时，合理开发利用大陇镇丰富的竹林资源，制成竹产品，依托电商平台，进一步确保销路的稳定性。

（四）果园治理生态化，脐橙产业转型升级

信丰县安西片区脐橙种植园通过测土配方、优化肥料、水肥一体化和管灌技术，按照"增产施肥、经济施肥、环保施肥"的要求，以化肥用量零增长为目标，持续推行精准施肥、有效调整化肥使用结构和方式，尽量采用有机肥替代部分化肥，逐步将过量、不合理施肥的面貌改正过来，增加土壤肥力，提升了脐橙品质。通过有机肥料替代化肥等方式，建立化肥减量增效核心示范区5000亩，同步推广实施水肥一体化技术2.5万亩，增施有机肥2.5万亩。同时因地制宜探索"猪—沼—果"治理模式，减少化肥、农药对农业生产和水资源的有害影响。治理模式升级，提升了信丰脐橙果品质量，提升了果农科技种果水平。项目区果园脐橙产量连续稳定在10万吨左右，脐橙果品外形美观，病虫斑减少，优质商品果率普遍达90%以上，果肉更脆嫩，果实品质得到提升，果品价格普遍高于其他产区1元/公斤左右。化肥农药的减少使用，促进了脐橙无公害生产，增强了信丰脐橙的品牌效应，拓宽了产品安全出口途径。而且，山水林田湖生态修复工程安西片区脐橙园土壤改良项目，既绿了信丰的美丽环境和美好生态，又富了信丰广大橙农和贫困群众的"口袋"。

为使贫困者达到增加收入和减少贫困的目的，积极开展"三个一批"项目。主要采取了以下三项措施：一是开展一系列的生态福利工作。将中央有关补助资金、森林管护资金和县级财政的专项扶贫资金进行整合，设立了"乡村保洁员""河道保洁员""生态护林员""生态护鸟员"四类专属贫困户生态管护公益性岗位，让贫困户在生态优化中增收。二是建设一批生态工程。采取以工代赈的方式，推广合作社统建、村民自建等模式，组织贫困户积极参与到生态工程建设项目，提高贫困户生态守护与发展意识。三是推进一批生态整治项目。坚持聚焦贫困地区，全面实施贫困地区灾害治理工程，积极实施裸露山体绿化工程、森林病虫害防治工程，全面践行绿色恢复和可持续发展理念。此外，为激励贫困户参与生态产业发展，获取生态收益，采取了以下三项措施：一是大力发展生态富民产业。以市场导向、因地制宜为原则，井冈山市坚持引导及扶持贫困户重点发展"一井冈、一绿色、两有机、两特色"六大富民产业。二是建立生态农业发展奖励机制。如永新县将生态案例中的"补植复绿费"投入到贫困村发展生态经济林种植中，这种方式既能恢复优美的生态环境又使扶贫产业得以发展。三是建立新业态扶贫增收机制。在旅游扶贫上，以13个旅游扶贫重点乡镇、181个旅游扶贫重点村为重点，持续实施"全景吉安，全域旅游"发展战略，保障贫困群众旅游收益增长。在光伏扶贫上，突出因地制宜，贫困村可以自由选择单建或联村共建的建站模式，全市建成光伏规模19.9万千瓦，每个贫困村对应100千瓦以上的装机容量，每个村村集体经济每年增收4万~5万元。

推动工业朝健康方向突破。靖安县严把"环保门槛"，加速企业转型升级，以江西省首个"绿色低碳工业示范县"为契机，加快构建"三+二"产业体系。打造三个战略性新兴产业集群：一是新材料产业，重点发展硬质合金、航空航天等精密材料；二是节能与清洁能源产业，重点发展绿色照明、光伏、风电、水电等行业；三是绿色食品产业，重点发展酒类、食品、饮料、矿泉水等安全食品。改造提升两个传统优势产业：一是木竹精深加工产业，重点发展各类家居、建筑、装饰材料等产品；二是有色金属与精工制造产业，重点发展铜加工、机械配件等产品。

四、大力培育生态要素市场，促进生态产品保值增值

以"绿色金融"为载体，生态资源以绿色发展为基础，通过金融机构开展绿色金融创新，积极探索新的信贷产品和服务方式，发挥绿色金融融资支持助力作用，开通生态旅游项目贷款"绿色通道"，加速经济结构的绿色转型，促进绿色发展，共筑生态产品交易市场。

（一）坚持活用资源权证，探索权属抵押贷款

通过对已有水权、林权、土地承包经营权、养殖经营权等资源权益进行整理，解决历史遗留的权属纠纷，完善权属证件，并以之为抵押进行贷款，获取发展资金。一是积极开展"水权""林权"抵押贷款。东乡区为回收的水库颁发了水资源使用权证，确定了权属人、用途、水资源使用权量等，为经营主体获得流转使用权提供了保障；并且对其中18座水库，分两批做了抵押登记，贷款金额4900万元；同时成功回购江西省创林实业发展有限公司3.86万亩林地，组建林业投资发展有限公司。此外，对回购的林地进行收储，核发不动产权证，取得林地经营权、所有权和使用权，再以3.86万亩林地权益进行抵押贷款。二是积极开展"农村土地承包经营权"抵押贷款。近年来，东乡区在完成农村土地承包

经营权确权登记颁证的基础上，着力完善土地交易平台建设，建成1个区级、13个乡级土地流转服务中心。同时，积极加强与金融机构的沟通对接，开展"农村土地承包经营权"抵押贷款。三是创新推出"畜禽智能洁养贷"。制订《东乡区"畜禽智能洁养贷"创新试点工作实施方案》，在东乡农商银行试点，创新推出"畜禽智能洁养贷"。通过向取得生猪养殖许可的养殖大户、养殖农民合作社、生猪养殖产业化龙头企业等经营实体，发放畜禽养殖经营权抵押登记证明，使各类生猪养殖经营主体能够获得银行抵押贷款，用于养殖废弃物资源化利用。

（二）推进水资源确权登记，完善水权交易体系

高安市按照"二基一图"要求，对石脑镇、祥符镇的农村集体经济组织的万方以上山塘和修建管理的水库全面进行详细调查登记，完成了水权确权登记所需的山塘水库工程特性基本数据和确权登记基本参数数据以及工程位置图及灌溉四至图。同时，高安市政府出台《高安市农村集体经济组织水资源使用权确权登记办法（试行）》，试点镇政府与村用水协会已签订《高安市农村集体经济组织水资源使用权确权登记协议》并提出水权确权申请和完成报批手续，相关材料和手续已全部录入省水资源使用权确权登记动态管理软件。修改完善了村级用水协会章程，由高安市政府印发出台《高安市水权试点用水管理办法（试行）》，进一步规范了水权试点后期管理。

（三）构建功能性平台体系，拓展生态产品交易空间

江西省林业搭建了林权流转服务平台体系。主要采取以下四项措施：一是建立省、市、县、乡、村互联互通的林权管理服务体系，并部署林权管理服务系统实现服务下移、一网办事；二是建立林权大数据，采集340万林农和2.3万家林企等主体信息，汇集林权权属、补贴补助、一产种植、政务服务、司法案件等数据；三是搭建林权流转交易平台，分设油茶林、药材林、香料林、用材林、景观林等板块，引进市场化服务机构，引导林权规范有序流转交易；四是设立南方林业产权交易所生态产品（抚州）运营中心，探索林业碳汇、森林覆盖率等交易。搭建大宗现货交易平台。江西省林业局依托南方林业产权交易所筹建了林业要素交易平台，开展大宗林产品交易。采取以下两项措施：一是循序渐进引进优质林业资源挂牌交易，探索开展木材、森林药材、茶油、茶叶、松香等大宗交易，实现线上交易、线下交割、合作仓储和林银融合；二是融入县域经济，依托优势资源建设交易运营中心，在赣州成立南方林业产权交易所（赣州）油茶运营中心，

与资溪、铜鼓县政府探讨合作共建竹材、黄精交易运营中心，致力于建立一个立足当地、辐射周边省市的区域性林业资源交易平台。建设林业金融服务平台，主要采取以下三项措施：一是建立全国首个面向林农林企的江西省林业金融服务平台，部署服务系统和信用评价系统，实现林业经营主体、中介服务机构、银行保险机构、林业主管部门等线上线下、协同办事、合作风控的业务机制。二是协同涉农银行创新推出林农快贷、网商林贷、公益林补偿质押贷、储备林贷、油茶贷、竹产业链贷、碳汇贷等金融产品，持续推进林权抵质押贷款和林农信用贷款，扩大贷款投放规模。三是协同保险公司实行保险扩面、增品，持续推行政策性森林保险，创新试点油茶、中药材地方特色保险、碳汇林价值保险和碳汇价格指数保险，其中油茶林保额最高达到 2000 元/亩，中药材林最高达到 1.8 万元/亩。

第三节　江西生态产品价值实现的突出成效

一、编制自然资源资产负债表，摸清实物量和价值量

编制自然资源资产负债表作为推进自然资源资产产权制度改革的重要举措，能为摸清自然资源资产实物量和价值量家底提供先决条件，有助于及时反馈和监测核算地区的自然资源资产实物量、价值量、负债动态变化情况，是开展生态产品功能和生态服务价值信息动态监测的重要前提。

江西省以建设美丽中国"江西样板"为主线，在江西省范围内着力加强自然资源统计调查和监测工作，并在改革中积攒经验，逐步建立健全自然资源资产负债表编制制度。江西省基于试点的探索逐渐明确生态产品的条目和存量，例如，资溪县绘制生态资源资产地图，完成了大量土地经营权、河道经营权等统一登记发证。已完成 2016 年度和 2017 年度自然资源资产负债表编制任务，基本摸清江西省自然资源资产家底，并获国家主管部门审核通过。2015 年，制订《江西省编制自然资源资产负债表试点方案》，自然资产资源负债表编制试点有萍乡市、吉安市、抚州市、兴国县等。在总结试点地区编表经验基础上，省政府办公

厅印发《江西省自然资源资产负债表编制制度（试行）》，明确核算编制的重点是土地资源、林业资源、水资源和矿产资源等。通过编制《自然资源资产负债表》，江西省探索建立 GEP 核算体系，摸清了江西省"绿水青山家底"，为经济高质量发展和生态系统价值转换提供了可靠、翔实的基础数据。抚州市作为国家生态产品价值实现机制的试点、江西省首批编制自然资源资产负债表的试点，率先探索 GEP 核算机制，与中科院生态环境研究中心合作，开展生态产品和生态资产价值核算与评估研究，编制完成了《抚州市生态产品与资产核算办法》和《评估报告》，摸清生态家底，利于实现生态资源向生态资产转化。

二、开展生态产品价值核算，支撑生态产品价值挖掘

制定生态产品价值核算评估规范是建立生态产品价值评价机制的重要基础和前提。江西积极开展生态产品价格核算评估体系构建探索实践。制定《生态系统生产总值核算技术规范》省级地方标准，印发实施核算试点指导性文件，推动 3 个设区市、11 个县区先行开展核算试点工作；依托省"生态云"大数据平台，启动生态产品信息数据共享平台建设。目前资溪县、上栗县、遂川县、婺源县、武宁县、永新县、崇义县、全南县等地已初步形成 GEP 核算成果。同时积极探索生态产品价值评估。抚州市探索组建了生态资源资产评估机构和专家库，出台了《抚州市农村承包土地经营权抵押贷款价值评估指导办法》，为江西省生态产品价值评估提供支撑与依据。

其中，资溪县以国家生态产品价值核算规范、江西省《生态系统生产总值核算技术规范》为指导，综合运用卫星遥感、地理信息系统、人工智能等技术，结合资溪县自然资源、地形地貌、生态环境、社会经济等多源数据，以县域全覆盖生态图斑为基本单元，制作 GEP 精细数据、编制 GEP 精确报告、开发 GEP 精算平台，实现资溪县 GEP 图斑级精细核算、多维分析与可视化呈现，科学精准地核算出资溪县生态产品所蕴含的经济价值，为有效解决生态产品"难度量、难抵押、难交易、难变现"等问题，为精准打通"资源变资产、资产变资本、资本变资金"的转化通道提供依据，助力生态优势转化为经济优势，推进生态产品价值高质量实现。此外，遂川县根据生态禀赋，确定核算的生态产品目录清单，明确各类生态产品所属的生态系统类型，确定核算模型方法与适用技术参数，对全县森林、草地、湿地、农田和城市五个生态子系统进行价值核算，从而计算全县

GEP 总值，使其成为定量评估生态保护成效的有效途径，为江西省贡献核算样本，扩宽生态产品价值实现路径。通过生态产品价值核算，充分利用富饶的生态产品和优美生态环境等生态价值优势，重点发展有机农业、乡村旅游等生态产业，在保护生态的同时带动村民增收致富，生态产品价值实现渠道逐步畅通，为形成具有江西省特色生态产品价值实现机制"遂川方案"贡献了力量。

三、以"生态+"优势发展绿色产业，构建绿色产业发展模式

（一）发展"生态+"现代农业

依据生态区位优势，发展生态农业、品质农业、休闲农业，调整优化农业和林业产品结构，提高复合产品经济效益。深入推进绿色有机农产品示范省建设，大力实施农业结构调整"九大工程"和农产品加工"七大行动"，出台《全省农业生产"三品一标"提升行动实施方案》，加快推进农产品品种培优、品质提升、标准化生产、品牌打造、质量监管等。创新发展绿色食品产业链，着力做好加工与产业双升级融合，重点打造了稻米、生猪、蔬果、鱼虾等优势特色产业链，提高粮食、畜牧、水产、果蔬产业产值，促进茶叶、中药材、油茶的价值升值。2021 年，新建高标准农田 317 万亩，完成高效节水灌溉改造 31.7 万亩。创新推出"赣鄱正品"全域认证品牌，"两品一标"农产品数量达 3894 个，农产品抽检合格率稳定在98%以上，农产品加工业总产值突破6000亿元，农林牧渔业总产值3820.7亿元，比 2015 年增加 961.6 亿元，增幅 33.6%。2022 年，深入推进绿色有机农产品试点省建设，实施"赣鄱正品"品牌创建三年行动，持续推进"江西绿色生态"品牌建设，绿色有机地理标志农产品达 5039 个，全国唯一的国家中药先进制造与现代中药产业创新中心落户江西，"生态鄱阳湖、绿色农产品"品牌持续打响。[①]

（二）发展"生态+"文化旅游

生态旅游和文化旅游的结合，产生"1+1>2"的效果，促进文化资源在产业和市场中的传承和创新，带动区域经济快速发展。依据"绿色"与"文化"的内生匹配关系，加速建立"绿色旅游"和"文化旅游"协作发展机制，实现"绿色"和"文化"的"组合拳"效益，最大限度达成聚合成果。"十三五"期

---

① http://drc.jiangxi.gov.cn/art/2023/2/3/art_14663_4347420.html.

间，江西累计创评 4 个国家级、34 个省级生态旅游示范区，18 个县（市、区）获评"中国天然氧吧"（数量全国排名第 3），德兴市被授予全省首个"中国气候宜居城市"；2021 年，休闲农业和乡村旅游综合收入突破 900 亿元；出台《江西省森林康养产业发展规划（2021~2025 年）》，认定了 20 家"国字号"森林旅游、康养等基地；成功举办第二届鄱阳湖国际观鸟周活动、2021 中国红色旅游博览会，唱响"观鸟来江西"的国际生态品牌，提升了江西红色资源品牌影响力。

（三）发展"生态+"产业园区

将生态系统引入园区规划布局和建设管理中，通过园区产业链循环化、资源利用高效化、产业组合绿色化，实现生态增值；通过打造农业现代化示范区、林业现代化示范区、全域旅游示范区、国家农村产业融合发展示范园等"生态+"产业园区形式，推进生态产品加工产业集聚、延伸产业链条、提高附加值，构筑乡村产业的"新高地"。吉水县、修水县、丰城市 3 县（市）入选 2021 年全国首批农业现代化示范区。

（四）发展"生态+"林业

坚持高标准打造现代林业产业示范县，初步形成家具、香料香精、竹、油茶和苗木花卉产业集群，做强"江西山茶油""金溪香料"等林业特色品牌，全力推动江西现代林业产业示范县建设。2020 年，成功举办首届江西林业产业博览会，成交额超亿元，多途径多方式推广江西舒适宜人的森林观光、营销系列健康养生类林业产品；2021 年，在举办第八届中国（赣州）家具产业博览会过程中，线上线下交易额突破 150 亿元，全省林业经济总产值突破 5500 亿元，取得了显著的生态效益。

四、实现综合补偿机制全覆盖，创新生态效益补偿机制

江西在全省开展生态综合补偿试点，对于稳定国家生态质量、促进绿色中国建设具有重要意义。聚焦水环境、森林、湿地、耕地等生态保护重点要素，加快推进"成本共担、效益共享、合作共治"的生态保护和治理长效机制，大力实现试点地区生态保护补偿工作制度化。持续开展水环境生态保护补偿，针对江河源头、核心水源点、水土流失重点防治区、受损河湖等重点水环境区域开展水流生态保护补偿。以水质为核心、保护者受益为原则，以主要河流出入境断面水质为考核对象，根据水质变化实行补偿，江西省人民政府印发《江西省流域生态补偿办法》，全面推行流域生态补偿，基本建立水资源生态补偿体系。

（一）率先实施森林生态补偿

健全公益林补偿标准动态调整机制，鼓励地方结合实际探索对公益林实施差异化补偿。进一步探索建立生态公益林和天然林管护补助标准动态调整及分类补偿机制，安排贫困县天然林管护补助资金不低于 1.2 亿元，支持贫困县依法通过购买服务开展公益林、天然林管护，探索天然林、集体公益林托管制度，推广"合作社+管护+贫困户"模式，吸纳贫困人口参与管护。完善天然林保护制度，加强天然林资源保护管理。截至 2020 年底，全省纳入补偿范围的生态公益林面积和天然商品林管护面积达到 8352 万亩，占全省森林面积的 52%。"十三五"期间，中央和省级财政安排生态公益林补偿资金 54.25 亿元，补偿标准居全国前列。其中，石城县积极以"生态补偿"摸索绿色发展之路，"擦亮绿色生态底色和成色"，紧跟财政资金领导方向，开展林权收益权抵押融资贷款，通过指引林农发展林下种养和森林观光。

（二）持续探索湿地生态补偿

鄱阳湖是我国重要的湿地，2014 年被确定为全国第一批湿地生态补偿效益点。湿地生态红线经过科学的规划与坚守，盲目开发湿地资源、乱占滥用湿地等现象得到了有效的遏制，保障了湿地面积不减少、性质不改变、生态功能不降低。在此基础上，进一步完善湿地生态保护补偿机制，逐步实现国家重要湿地生态保护补偿全覆盖，出台鄱阳湖重要湿地生态补偿试点实施方案，建立鄱阳湖湿地监测评价预警机制。实施七年来，全省共争取中央财政湿地生态效益补偿补助资金 1.62 亿元，"十三五"期间累计投入项目资金 1.12 亿元。

（三）完善耕地、草原保护补偿机制

因地制宜制定农业补贴制度，全面实施农业"三项补贴"改革，将农业"三项补贴"合并为耕地地力保护补贴。江西省财政厅和江西省农业农村厅联合印发《江西省建立以绿色生态为导向的农业补贴改革实施方案》，着力从农业相关补贴改革、主要生态系统农业补贴、农业资源环境突出问题治理补助等方面加大政策支持力度。2017~2020 年全省耕地地力补贴下拨补贴资金为 165.8 亿元，每年享受补贴的耕地面积为 3700 万亩左右，惠及全省 750 万户左右农户。落实好草原生态保护补偿政策，将退化和沙化草原列入禁牧范围，逐步健全草地保护责任追究制度和草地生态系统损害赔偿制度。

五、健全全流域生态补偿机制，提升流域生态综合治理能力

江西坚持"三水"协同共治，推进"保好水、治差水"双向发力，积极探索多元化、市场化生态保护补偿机制，取得显著成效。2021年，全省地表水断面水质优良比例为93.6%；国考断面水质优良比例达95.5%，全国排名第8，中部排名第2，比全国水平高10.1个百分点。长江干流10个断面及赣江干流33个断面水质达标率为100%，稳定保持在Ⅱ类水质。

（一）推进覆盖全境的流域生态补偿机制建设，实现局部补偿到全域补偿的转变

自2008年始，江西省开展了《赣江流域水资源生态补偿机制课题研究》，为开展流域生态补偿试点工作奠定了理论基础；同年，启动了"五河"及东江源头所在县（市）生态环境保护财政奖励政策。2012~2014年，在袁河流域的萍乡市、宜春市、新余市开展省内跨市水资源生态补偿试点，实施三年补偿资金共计1500万元。推进省内流域生态补偿全覆盖，2015年10月，江西省人民政府出台《江西省流域生态补偿办法（试行）》，在全国率先建立起全流域［涵盖江西省所有100个市（县、区）］的生态补偿机制，纵向的流域生态补偿在省内全面铺开。同时，鼓励各地参照省流域生态补偿办法建立符合自身实际的生态补偿机制，2017年抚州市印发《抚州市水资源生态补偿实施办法》，制定了切合抚河流域实际的更为细致具体的补偿办法。从袁河试水到全省铺开再到抚州的细化，江西省的纵向流域生态补偿实践在螺旋式上升。实行全流域生态补偿以来，江西境内"五河一湖"流域水质持续改善，连续多年全省地表水水质总体为优，截至2022年4月，断面水质优良比例为95.5%，高出全国平均水平10.1个百分点。

（二）创新流域生态补偿办法

采用规范化筹措以及因素法公式分配的方式来应用流域生态补偿金，通过补偿系数设置的合理性，提高补偿各项标准。资金筹集标准、分配方法、使用范围、管理职责分工等方面要进行明确，使流域生态补偿资金筹措与分配更加规范、透明及公平公正。2018年修订完善的《江西省流域生态保护补偿办法》规定，以国家重点生态功能区2014年各县转移支付资金分配基数固定为前提，将因素法与补偿系数相结合，两次分配流域生态补偿资金，考虑水环境质量、森林生态质量、水资源管理三方面，并增加"五河一湖"及东江源头保护区补偿系

数、主体功能区补偿系数，将国家重点生态功能区转移支付结果进行对比，采取"用高不用低，模型一致，二次分配"的做法，对各县（市、区）层级生态补偿资金进行统筹计算。同时，补偿资金向重点生态区域和贫困县倾斜。设置"五河一湖"、东江源头保护区及主体功能区补偿系数，在资金分配上向"五河一湖"等重点生态功能区倾斜；修订的《江西省流域生态保护补偿办法》还增设贫困县补偿系数，将全省 25 个贫困县的补偿系数设为 1.5，增加贫困县补偿资金。

（三）探索多渠道资金筹措方式

坚持以政府为主导，积极探索流域生态补偿方式的多样化，有机结合流域生态补偿与全省绿色崛起、国家生态试验区建设、赣南原中央苏区振兴发展等战略。采取"五个一块"办法筹措流域生态补偿资金，即中央财政争取一块、省财政扶持一块、统筹多方面资金一块、设区市与县（市、区）财政整合一块、社会与市场上募集一块。通过逐年增加补偿资金的方式，2016 年首期筹集补偿资金已高达 20.91 亿元，2017 年筹集流域生态补偿资金达 26.90 亿元，2018 年达 31.25 亿元。经逐年增加，截至 2020 年，累计筹集流域补偿资金 174.2 亿元，居全国前列。

（四）建立奖惩考核机制实现长效管护

根据补偿办法，江西省发展改革委员会联合省财政厅每年对补偿资金使用情况进行绩效评估，形成长效的跟踪问效机制；强化资金监管机制，《江西省流域生态保护补偿办法》指出各县（市、区）政府可以统筹安排补偿资金，但应该着重用于保护生态、治理水环境、提升森林质量、节约并保护水资源和与建设生态文明相关的民生工程等方面；建立奖罚机制，要求各部门强化对生态环境各项指标的监控，对发生重大（含）以上级别环境污染事故或生态破坏事件的县（市、区），扣除当年补偿资金的 30%~50%，所扣资金纳入次年全省流域生态补偿资金总额。

（五）制度先行，确保各方责任落实

先后印发了《江西省建立省内流域上下游横向生态保护补偿机制实施方案》《江西省省内流域上下游横向生态保护补偿定额奖补实施办法》，督促指导全省各县（市、区）上下游之间，通过自主协商签订横向生态保护补偿协议，实施横向生态保护补偿，省级统筹安排资金对建立起上下游横向生态保护补偿机制的实施奖补。还建立了省生态文明试验区建设领导小组，统筹协调资金分配，分工负责，运转高效，使得流域生态补偿得到全面执行。对有河流直接汇入长江或鄱阳湖的县（市、区），视其流域生态环境保护工作成效实施定额奖补。截至2020年底，全省累计签订横向生态保护补偿协议90份，覆盖所有设区市、80%以上县（市、区），基本形成全流域共抓生态环境保护和修复的制度体系、流域上下游联动协同治理的工作格局。各县（市、区）协议双方出资总额超3.5亿元/年，省级累计下达奖补资金11.59亿元（含定额奖补资金9000万元），明确了地方生态环境保护主体责任，调动了各地横向生态补偿工作积极性。

六、构建林业生态产品市场交易体系，打通"两山"双向转化通道

（一）夯实林业生态产品价值调查监测和评估核算基础

协同完善林权登记制度。林业部门与自然资源部门加强沟通协调，有序推进林权登记，与自然资源主管部门联合出台《关于做好过渡期林地经营权登记工作的通知》《关于进一步做好林权登记工作推动完善林权制度改革促进高质量发展的通知》，做好清理规范林权确权登记历史遗留问题试点。建立林业资源调查和监测体系。基本完成江西省林草生态综合监测工作，初步形成全省林草湿资源"一张图"，建设完成鄱阳湖湿地生态系统监测预警平台；编制完成了2021年度自然资源资产负债表（林木资源）；联合省内高校及科研院所形成了江西省国家重点保护野生植物名录初稿；推动《江西省自然保护区生物多样性监测中长期规划（2021-2035年)》和《江西省自然保护区生物多样性监测实施方案（2021-2025年）》编制工作。开展国有森林和湿地资源资产有偿使用制度改革试点。出台《江西省国有森林资源资产有偿使用评估管理办法（试行）》，在崇义县、贵溪市、高安市、资溪县、安福县五个市（县）推动试点工作。建立江西省林权管理服务数据库。采集了340万林农和2万多林业经营主体数据，汇集了林权权属、补贴补助、政务服务、司法案件等数据，为林业生态产品价值评估核算奠定了坚实的基础。

（二）拓宽林业生态产品价值实现产业化渠道

持续扩大绿色供给。"十三五"期间，江西省完成人工造林657.4万亩，低产低效林改造921.9万亩，森林抚育2964.7万亩，封山育林550.9万亩，重点区域森林"四化"43.2万亩。建立国家级良种基地13处，省级良种基地8处，油茶专用采穗圃15处；种子园、母树林、采穗圃总体面积达2.53万亩。积极推

进重点区域生态保护和修复，指导各地采取人工新造、补植补造、森林抚育等措施，进一步夯实了全省绿色生态根基。大力培育特色优势产业。先后出台《关于推动油茶产业高质量发展的意见》《关于加快推进竹产业高质量发展的意见》，支持林产加工企业发展，推进产业转型升级。2020 年，全省林业总产值达到 5300 亿元，位列全国林业产业第一方阵。截至 2021 年底，江西省有林产工业及木竹经营加工企业 12000 余家，初步形成了木材加工及家具、油茶、雷竹、香精香料和苗木花卉等产业集群。紧抓旅游康养产业。出台《关于促进江西森林康养产业发展的意见》和《江西省森林康养产业发展规划（2021-2025 年）》，积极建设森林康养林、森林康养步道和森林康养基地。全省有 5 个全国森林旅游示范县、4 条国家森林步道、5 处国家重点森林体验（养生）基地和 6 个国家森林康养基地，创建了 13 处"示范森林公园"、27 家"省级森林体验（养生）基地"、99 家"省级森林康养基地"。推动江西现代林业产业示范省建设。2021 年 4 月，国家林草局正式函复同意与江西共建江西现代林业产业示范省，共建期为 2021~2025 年。推动江西林业生态展会经济发展。筹备第二届鄱阳湖国际观鸟周，成功举办 2021 年江西森林旅游节和第八届中国（赣州）家具产业博览会，实现线上线下交易额突破 150 亿元。完善生态产品保护补偿机制。修订《江西省湿地生态效益补偿项目管理办法》，积极推进《江西省野生动物损害补偿办法》的制定出台。江西省纳入管护补助的公益林面积 5100 万亩，已签订天然商品林停伐管护协议面积 3215.3 万亩，生态护林员总规模达到 23950 人。支持资溪、宜黄、寻乌、铜鼓、贵溪等地重点生态区位非国有商品林赎买试点工作。

（三）开展林业碳汇能力巩固提升行动

出台《江西省林业碳汇能力巩固提升行动方案（2021~2030 年）》，成立由省林业局主要领导为组长的林业碳汇工作领导小组，制定了巩固林业碳汇存量、提升林业碳汇增量、加强林业碳汇监测评价、林业碳汇项目开发管理、强化林业碳汇智力和技术支撑六大任务。做好林业碳汇项目开发管理工作。2017 年，引进中国林业科学院、国家林业勘察设计院作为技术单位，指导安福、修水等地规范开发林业碳汇森林经营项目。抚州市出台了《远期林业碳汇权益资产备案登记暂行办法》。按照 CCER（中国核证自愿减排量）方法学开发了 8 个林业碳汇项目。推进林业碳汇项目试点交易。制定相关管理办法和方法学，将试点项目碳汇作为抵消机制纳入用能权交易市场，拓宽碳汇消纳渠道。在南丰县、崇义县和吉安县等地开展试点工作。推进碳中和林业行动。江西省首届江西林业产业博览会、2021年森林旅游节等活动和会议均通过购买林业碳汇实现"碳中和",与中国贸易促进会、中国绿色碳汇基金会、江西省贸易促进会、赣州市政府共同做好2021年中国国际生态竞争力峰会碳中和项目相关工作。

（四）健全林业要素流转交易机制

支持新型林业经营主体开展适度规模经营。出台《关于加快培育新型林业经营主体促进林地适度规模经营的指导意见》《江西省新型林业经营主体可承担林业项目名录》《江西省林地适度规模经营奖补办法（试行）》等文件，推动碎片化林地整合和适度规模经营。江西省共培育林业专业大户4637户、家庭林场660个、农民林业专业合作社2700个，66家林业专业合作社被评为国家农民合作示范社。健全林权管理服务体系。针对江西省林权碎片化的特征，依托乡镇便民服务中心和村办公场所设立林权服务窗口，以"互联网+林权服务"形成县乡协同服务机制，打通服务林农"最后一公里"。搭建林权流转服务平台。开设油茶林、药材林、香料林、用材林、景观林等细分林种板块，引进市场化服务机构，引导林权规范有序流转交易，提升林权的市场流动性。抚州市作为全国生态产品价值实现机制试点，设立南方林业产权交易所生态产品（抚州）运营中心，探索林业碳汇及湿地占补平衡、森林覆盖率、绿化增量等指标交易，运营中心开展抚州市远期林业碳汇首单交易，交易面积1.46万亩，交易金额达到130多万元。搭建林业大宗现货交易平台。搭建南方林业产权交易所林业要素交易平台，循序渐进开展木材、森林药材、茶油、茶叶、松香等大宗交易，实现线上交易、线下交割、合作仓储和林银融合，打造林业供应链体系。自试运行以来，已上线手筑茯砖茶、油茶籽油、实木手珠、刺猬紫檀（方料）、微凹黄檀（方料）、油茶籽、油茶籽粕7个交易品种，累计交易额达5亿多元。搭建"湿地银行"占补平衡服务平台。试点开展湿地占补平衡指标交易，搭建"湿地银行"服务平台，做好湿地后备资源和湿地占补平衡指标的登记、核算、管理工作，有序推动湿地生态治理市场化经营，促进湿地生态产品价值实现。截至2021年底，湿地占补平衡指标交易额近3000万元，利用社会资金完成湿地修复300余亩。

七、大力推进生态权属交易改革，建立生态资产交易机制

培育和发展用能权交易市场。截至2021年底，江西省用能权交易累计成交3

宗，交易量 36.08 万吨，创新开展跨市域能源消费指标交易，解决了高能耗指标缺口问题。制定"2+4"改革方案，分别于 2018 年 1 月、2019 年 3 月出台《江西省用能权有偿使用和交易制度试点实施方案》《江西省用能权有偿使用和交易管理暂行办法》等两个纲领性改革文件，对用能权指标管理、市场交易、审核和清缴、监督和保障等方面进行规范要求，作为用能权交易改革的依据。制定了《江西省用能权指标核算与报告通则》《江西省用能权有偿使用和交易第三方审核机构管理办法》《江西省用能权有偿使用和交易实施细则》《江西省用能权交易规则》4 个配套文件和实施细则。同时，开展了能耗核查。依托省市场监管局牵头开展能源计量审查和能源利用状况核查。截至 2021 年底，完成 118 家用能权试点企业 2017~2019 年的能源利用状况核查和计量审查工作。80%的企业基本按照标准配备了一至三级能源计量器具，90%的企业填报数据真实准确。通过现场审查，确认 90%以上的水泥企业和 70%以上的钢铁企业都建立了或正在建设能耗监测平台。除此之外，开展了能力建设培训。2019 年 12 月，江西省发展改革委员会同省市场监管局联合举办江西省用能权有偿使用和交易及能源计量专题培训班。各设区市发展改革委员会、市场监管局有关负责同志及重点用能单位能源管理负责人共 200 余人参加了培训，培训内容包括"江西省用能权有偿使用和交易政策""江西省用能权交易指标分配方案""用能权有偿使用和交易规则""用能权交易注册登记系统和交易系统功能介绍"等，有力促进了全省用能权交易改革。

（一）大力推进全国碳排放权交易市场建设

2021 年，全国碳排放权交易市场正式上线交易，江西省纳入全国碳排放权交易市场第一个履约周期配额管理的发电行业重点企业共有 45 家。为保障全国碳市场第一个履约周期顺利进行，大力推进全国碳排放权交易市场建设。建立碳市场管理长效机制，组建全国碳排放权交易市场数据质量监督管理和碳排放配额清缴工作专班，切实加强碳市场数据质量监管和碳排放配额清缴工作的组织领导和统筹协调。扎实做好全国碳市场相关基础工作，完成八大行业重点企业 2020 年度碳排放核查。高质量完成全国碳市场第一个履约周期发电行业重点企业配额核定，率先完成发电行业重点企业配额分配，共获得免费配额约 1.95 亿元；指导发电行业重点企业完成在全国碳排放权注册登记系统与交易系统开户。做好全国碳市场数据监督管理工作，完成发电行业重点企业、技术服务机构 2019 年度和 2020 年度排放报告和核查报告全面自查工作；根据 2021 年生态环境专项执法检查安排，对全省已纳入 2019~2020 年度全国碳排放权交易的发电行业重点企业开展碳排放数据质量监督管理专项检查。圆满完成配额清缴任务，江西省 45 家发电行业重点企业除 1 家企业因银行账号被冻结无法交易履约外，其余 44 家企业全部完成履约，实现了"应履尽履"；全国配额累计交易量约 303 万吨，累计交易额约 1.34 亿元。江西省林业碳汇抵消碳排放 6634 千克，成交金额 11.53 万元。江西省林业碳汇试点项目 2021 年 2 月正式挂牌交易，累计成交 733 吨，创新性搭建"江西省碳中和平台"，实现江西特色"生态功能区开发—大型活动消纳"林业碳汇交易模式，发挥碳汇交易在生态产品价值转换中的积极作用。

（二）推动排污权有偿使用和交易制度落地见效

2014 年以来，作为自行试点省份，江西省积极稳妥推进排污权有偿使用和交易试点工作，2021 年加速推动排污权有偿使用和交易制度落地见效。完善排污权交易相关配套制度，印发实施《江西省排污权交易规则（试行）》，同时配合省发展改革委员会等部门联合印发《关于排污权有偿使用费与交易价格有关事项的通知》，完成了管理和交易平台升级改造，经过多轮次联调测试和系统功能的评估，江西省排污权管理系统和交易系统平台系统功能完备、性能稳定，现已投入运行。正式启动排污权交易工作，积极协调各设区市生态环境局推动排污权交易工作，于 2021 年 12 月 16 日上线交易，九江市 2 家企业首单交易二氧化硫 96 吨，成交价 389 元/吨·年，氮氧化物 137 吨，成交价 389 元/吨·年，交易期限 5 年，成交总金额 52 万元。

八、构建绿色金融保障机制，探索形成"两山"转化金融服务

（一）构建绿色金融组织"新体系"

经过四年探索，赣江新区的绿色金融体系逐渐完善。截至 2020 年底，新区有 20 家银行共计设立 32 家分支机构，并成立绿金服务、绿险创新和绿金评价认定三个中心，其中，"绿色支行" 7 家、绿色金融事业部 3 家、绿色保险创研机构 3 家。依托绿色项目融资的便利性和可得性，赣江新区共推出创新成果 22 项，其中，绿色市政专项债、畜禽"洁养贷"、绿色创新发展综合体、绿色保险、绿色园区债、绿色票据 6 项为全国"首单首创"，绿色市政专项债、畜禽"洁养贷"等 5 项绿色金融创新成果被国家发展改革委员会列入国家生态文明试验区经验做法的推广清单，22 项创新成果和 40 个创新案例参与试验区工作交流。赣江新区以传统金融为主体、以"新金融""准金融""类金融"等新型金融业态为补充的地方金融体系基本形成。"绿色金融"已经成为赣江新区的新名片。

（二）开发林业碳汇保险产品

乐安县是抚州市首批碳汇林建设试点县。为积极助力抚州市生态产品价值实现机制转换，中国人民财产保险股份有限公司（简称"中国人保财险"）人保财险江西省分公司主动对接政策需求，创新服务模式，积极推进碳汇林价值保险。江西省人保财险根据当地碳汇林碳中和能力测算固碳量，再根据固碳量合理设置碳汇林保险金额，这为抚州市碳汇资源保护工作提供了保险保障。2021 年 6 月 28 日，江西省人保财险与乐安县绿园生态林场签订全省首单商业林业"碳汇价格指数保险"，实施全省首个国际核证碳减排标准（VCS）碳汇项目，减排总量 337 万吨，为江西省探索"碳汇 + 保险"迈出了第一步，助力抚州"绿水青山"向"金山银山"转变，为实现"碳达峰、碳中和"战略目标起到了保障作用。与此同时，乐安与中央财经大学合作，积极开展森林碳汇确权、认证、测算、交易试点，资溪、东乡、宜黄开发的 231.38 万吨碳汇正在深圳碳排放交易所等待交易。不断开发绿色保险产品种类，如赣江新区绿色保险若干个创新产品已在全国多地复制推广。其中，新区首创的养殖业饲料成本价格期货保险（绿色保险）经验已在内蒙古、浙江、广西、天津、辽宁及江西省修水县、吉安县、南康区等地复制推广。此外，还有电梯安全综合保险、家庭装修有害气体治理保险等贴近民生的绿色保险产品。

（三）积极开展绿色债券

2019 年 6 月 18 日，全国首单绿色市政债由赣江新区在上交所发行，填补了国内绿色市政专项债空白。联合赤道认证公司认定了该债券，并给予绿色贴标，"入廊运营收入 + 广告收入 + 政府补贴"模式的探索实现整体收益动态平衡。债券期限长达 30 年，票面利率仅 4.11%。2020 年，吉安市城投公司成功发行 16 亿元绿色债券，该债券为 7 年期、年利率 5.3%。本期债券是吉安市首支绿色债券，创同级别绿色企业债券最大发行规模，创 10 亿元以上，与同评级同期限绿色债券相比，票面利率最低。本次债券募集资金中 10 亿元将用于吉安市中心城区水生态环境综合治理工程（一期）项目，6 亿元用作补充营运资金。此外，赣州银行寻乌县支行发放 2 亿元"绿业贷"，是为了寻乌县文峰乡涵水片区废弃矿山综合治理与生态修复工程，用来支持当地洁净水域、治理矿山、规整土地、修护植被。项目的资金来自赣州银行总行发放的绿色金融债券，该债券于 2020 年成功募集 15 亿元。

第四节　江西生态产品价值实现存在的问题障碍

虽然江西在生态产品价值实现方面取得了良好的效果，但仍然存在度量难、变现难、抵押难、交易难等问题。其中，度量难指很难用具体的统一的指标或者方法来精确核算生态产品的价值；变现难指即使通过生态产品核算，但其价值量没有得到普遍的认可；抵押难指生态产品很难作为优质抵押物获得贷款导致资金不到位；交易难指缺乏市场渠道导致难顺利开展生态产品交易。现阶段江西省生态权益价值难以确定，确权颁证、评估抵押、流转交易机制依然不健全，相关法律法规、操作规范、行业标准等尚未统一，制约了生态产品的估值、流通、变现。生态资产产权复杂难辨，核算评估结果市场认可度不高。生态资源大多具有公益属性，所有者及抵押权人往往缺乏完全的交易、处置权利。国家层面生态产品交易体制机制尚未成型，交易仍呈现分散化、无序化，环境权益交易低迷，交易品种和主体都不充分。

一、生态产品价值核算体系尚未标准化

在核算评估方面，"家底"不够清、标准不统一。一是自然资源数据基础薄弱，不同部门相关数据的检测标准、统计方法等存在一些差异，例如，水源涵养、土壤保持等。数据采集的自动化、数字化程度也不高，采集效率较低。而且，GEP 属于一项全新的工作，一些基础数据不在相关业务部门的日常统计范畴，为数据采集带来了一定的困难，同时部分数据存在未精确到县、乡的情况，使 GEP 核算工作还存在一定的困难。二是 GEP 应用场景匮乏，虽然 2021 年江西省出台了省级标准，但是在实际操作中，市县还会增加一些特色指标，例如，森林覆盖率高的县在核算时增加了负氧离子。所以，GEP 报告普遍存在"出县不认，出市不认"的情况，影响了核算结果的应用。

虽然形成了一系列自然资源生态价值的评估方法，如物质量评价法、能值分析法、影子价格法、人力资本法、支付意愿法等。但对自然资源生态价值估算方法还存在一定争议。此外，因为资源价值理论尚未统一，生态产品价值的评估本身就是一个复杂而困难的问题（价值来源、确定方法、价值模型、价格体系等缺乏规范且具有较大争议），再加上生态系统产品及服务的区域性和整体性、个体消费的计量存在问题，价值多维性（使用价值与非使用价值，经济价值与非经济价值）等特性进一步加大其价值核算的评估难度。这些问题导致生态产品价值核算方法体系至今未实现广泛认同。

二、生态产品价值实现的绿色金融体系尚不完善

在绿色金融方面，产品力不足，风控难度大。一是绿色金融对生态产品价值实现支持不够，目前监管部门对银行的不良贷款容忍度不高，但由于生态项目一般回报周期较长，绿色金融产品的创新和授信额度的增加较为困难。而金融机构在执行贷款手续时，往往重点参考抵押物价值和未来收益现金流。二是绿色金融产品依赖政府信用背书，从现有的绿色金融产品运营情况来看，很多贷款产品因为抵押物不够或没有抵押物，往往依赖政府设立的风险资金托底，缺少政府信用背书的项目往往难以申请到绿色金融贷款。三是金融风险缓释机制尚不健全。生态产品具有公共产品属性和环境效益外部性，而金融机构参与绿色金融要面对市场竞争、要实现商业可持续，解决这个矛盾，需要政府"看得见的手"发挥作用，通过建立风险缓释机制加大支持。但目前省市县三级普遍存在财政等实质性激励政策缺乏的问题，对绿色贷款未建立风险补偿金，未出台针对绿色项目的贷款贴息、认证费用补贴、保费补贴等政策，金融机构开展绿色金融业务的成本只能内部化，不利于绿色金融市场化和可持续发展。而且，由于绿色金融风险控制机制有所欠缺，目前政府财政在绿色金融风险管控中的比重较高。根据抚州市2022年的数据，抚州市绿色金融贷款额度80%由市财政分担风险。这种方式在初期效果不错，但对形成长期有效的绿色金融市场作用不大。四是绿色金融存在直接融资的短板，江西省绿色金融市场体系仍是以传统间接融资为主导，绿色信贷仍然是最主要的金融工具，占比达到90%左右。其他绿色金融产品较为单一，同质化程度较高，绿色债券、绿色保险、绿色基金和碳金融等存在较大创新空间。

造成上述情形的原因在于生态产品具有外部性特点，企业的趋利性使其难以冒险投资于风险大且回报期长的生态产品，这导致生态产品社会融资资金短缺。此外，由政府领导的生态补偿通常具有公共生态产品的特性，江西对于矿山复绿、流域治理、乡村旅游等方面都投入了政府资金予以支持，但这些工期都比较长且回收慢，再加上新冠肺炎疫情影响，地方用于生态修复的资金也得到了严格控制。最后，江西省生态融资体系和多渠道融资模式也尚不健全。

三、生态产品价值实现的市场交易体系尚不健全

在产品经营方面，产业链不长、品牌力度不够。一是环境敏感型产业发展滞后。江西的环境敏感型产业，特别是附加值高的环境敏感型工业项目还比较少。例如江中药谷，药谷养鱼的湖水是生产排出的废水，厂区自然空气洁净度达到30万级，2014年被评为"最美中国工厂"。但除此之外，很难再找出其他案例。二是产业链开发深度不够。江西的农业精深加工还有很大短板。以毛竹产业为例，抚州资溪的毛竹产业与浙江安吉相比，还有不小的差距，主要原因就是产业链深度不够。安吉除了做"竹木家具"之外，还涉足竹纤维纺织产业，并且正在推动"竹木家具"向"金属家具"延伸。安吉于2019年以全国1.8%的立竹量，创造了全国近10%的竹产值。近两年资溪也引进几家先进竹产业项目，产业集群效应仍在逐步释放。三是品牌运营效果不佳。江西很多农产品品牌（如南丰蜜橘、崇仁麻鸡等）早期知名度较高，但由于运营手段等跟不上市场变化，不少品牌走向没落。以南丰蜜橘为例，根据省政协调研结果，近年来南丰蜜橘品牌口碑、销量、市场规模急剧下降，本地收购价已经下降到1元/斤。又如江西的"润田翠"品牌，富硒矿泉水相比其他品牌有很大市场区分度，但市占率相比行业前三还有很大差距。

造成以上情形的原因在于江西省大部分林地为个人使用，而公共资源交易中心不仅手续复杂而且成本也较高，难以使私人林权进行市场流转交易。此外，江西省的技术创新能力有所欠缺，R&D经费占GDP比重较低，同时科技投入以政府为主导，企业自身的研发能力严重不足。江西省国家"211"工程大学仅有一所，教育发展相对滞后，高校的科技转化成果效率较低，难以为绿色产业提供智力支撑。

四、生态产品价值实现保护补偿机制不够完善

在保护补偿方面，协同度不高、多元化不够。一是补偿资金使用效率不高。生态补偿存在多头管理情况，例如，农业、林草、水利、自然资源等部门分别管理了流域、森林和湿地生态保护资金，资金使用上统筹力度不够。二是多元化补偿途径开拓不足。目前的补偿手段仍然高度依赖财政资金，获得的转移支付资金在全国还处于中等偏少的水平，以重点生态功能区转移支付为例，江西省远远落后于周边的湖北省和河南省（见表3-1）。市场化、多元化的生态补偿手段不多，特别是人才培训、产业合作等方式还很缺乏。

表3-1　江西省与周边省份获重点生态功能区转移支付资金对比　单位：亿元

省份 ＼ 年份	2019	2020	2021	2022
江西	23.11	19.09	23.51	25.45
湖北	29.97	31.28	40.36	58.86
湖南	40.04	40.57	50.3	56.62
安徽	18.49	20.06	24.49	26.16
福建	17.36	11.57	13.65	14.36（不含厦门）
浙江	4.37	4.15	4.98	5.38（不含宁波）
广东	11.3	11.3	13.55	17.37（不含深圳）

资料来源：笔者根据中华人民共和国财政部网站整理。

部分县县域生态红线划定比例高达54.6%，可开发区域严重不足，影响产业投资和社会经济发展，导致县级财政常年薄弱。加之面临财政收入增速放缓和需要进一步落实好减税降费政策的双重压力，财力不足与生态环保资金需求的矛盾进一步凸显，生态补偿资金缺口较大。同时生态补偿尚未实现制度化，如由省环保厅、乐平市、婺源县三方横向补偿的共产主义水库协议于2018年已经到期，新一轮协议已于2020年签订，未建立长效机制。

虽然江西省生态综合补偿试点取得一定成效，但尚存在制度突破难、补偿资金短缺、生态产品价值实现机制不健全等问题。一是补偿资金单一化和碎片化现象并存。单一化问题：近年来，县级政府获上级政府财政安排的生态补偿性质资

金在逐年增长，但政府财政投入这一单一的补偿主体很难保证生态补偿工作的效率和持续推进，亟须探索市场化运作模式进行生态补偿。碎片化问题：各级地方政府现有补偿政策法规分散到各个部门、各个领域，有重点生态功能区、森林、草地、流域、耕地、湿地、自然保护区、矿产、渔业等十几种生态补偿性质的资金和政策，相互牵扯和交叉重叠，难以形成合力。二是生态产品价值实现机制不健全。大部分试点地区"两山"转化的现存家底并未明确。如自然资源统一确权登记、自然资源资产负债表编制、生态产品价值核算等工作尚未开展，生态产品转化工作进展缓慢。

造成上述情形的原因在于，在实际运用中，存在补偿资金来源较窄、生态补偿范围（覆盖区域、覆盖领域）不清晰、补偿方式过于单一等系列问题。首先，在补偿资金上，主要来源于政府资金或具有政府背景的国有资金和集体资金，其他社会化补偿资金规模较小。其次，在区域尺度上，生态补偿覆盖范围仍然偏小，加上生态空间可能涉及多个部门和政策，存在部门之间沟通不畅、多头管理、政出多门、重复立项、分头跟进等问题，造成有限的政策资源效率低下。最后，在补偿方式上，纵向补偿远远多于横向补偿，更多是地方政府与地方政府之间的补偿，政府与市场主体之间、市场主体与市场主体之间的补偿仍较少。

第五节　本章主要观点

本章从江西生态产品价值实现的历程演变、现状特征、存在问题以及存在问题的原因进行了归纳总结。江西生态产品价值实现的发展历程大致经历了生态产品的孕育期（2010年之前）、生态产品价值实现探索期（2010~2020年）以及生态产品价值实现深化阶段（2020年至今）三个时期。在生态资源方面，通过碧水保卫战、废弃矿山修复、湿地保护修护以及林长制的落实，从而稳固了生态资源的存量优势；在生态资源变资产方面，通过建立流域横向生态机制、完善流域全覆盖生态补偿机制以及创新林业生态效益补偿制度，使资产效益显著；在生态与产业方面，通过打造生态特色品牌、盘活古村落商业价值、打造乡村旅游样板、脐橙产业转型升级以及发展环境敏感型产业，以提升产业生态化和生态产业化的增量效果；在生态产品交易市场方面，通过探索权属抵押贷款、完善水权交易体系以及拓展生态产品交易空间，来促成生态产品的保值增值。江西生态产品价值实现的成效在于通过编制资产负债表，建立"生态云"大数据平台，摸清了一定的实物量和价值量，使生态产品得以云共享；根据各区域优势来发展"生态+"绿色产业，实现经济效益增值；实现综合补偿机制全覆盖和健全全流域生态补偿机制，激活湿地、森林、河流等生态资源的资产效益；林业生态产品市场体系的构建、生态权属交易的改革和绿色金融保障机制的构建，推动了生态产品价值交易的畅通。

但是，江西生态产品价值实现也存在生态产品价值核算体系尚未标准化，GEP 报告出现"出县不认，出市不认"的情况；生态产品价值实现绿色金融体系尚不完善，绿色金融产品过于依靠政府信用背书；生态产品价值实现交易体系尚不健全，产品的产业链以及品牌力度还不够；生态产品价值实现保护机制不够完善，资金的使用效率不高以及补偿的多元途径开拓不足。造成以上问题的原因主要是生态产品价值存在难度、社会绿色融资难度大、教育支撑较欠缺、资金补偿方式单一等。

第四章 "双碳"背景下江西生态产品价值实现的重点任务

为解决江西省生态产品价值实现所面临的困境，需重点关注生态产品价值评估体系、市场交易保障机制等方面。同时，利用生态产品精算评估体系对生态产品进行精算，确保生态产品在交易市场上流通。此外还需要提供保障机制，以保障生态产品能在市场上正常流通，从而让生态产品价值得以充分实现。

第一节 建立江西生态产品价值精算评估体系

江西省作为一个拥有卓越自然生态资源的地区，建立生态产品的价值精算评估体系尤为重要。建立健全江西生态产品价值精算评估体系，能够解决生态产品目前所存在的问题，即概念、边界模糊，思路不统一等，从而进一步摸清"家底"并掌握发展动态，为实现生态产品价值提供科学依据。通过建立一套完善的精算评估体系，确定生态产品和生态资产的准确度，使其可以成为可靠的、可信赖的财务数据。

一、精算量化"绿水青山"，实现"生态资源"向"生态资产"转化

围绕破解"绿水青山"量化确权难题，开展生态产品调查监测，明确生态产品价值精算标准是构建生态产品价值精算评估体系的前提和基础。由于生态产品的具有多功能性、多价值性等特征，这导致在核算生态产品价值时具有一定的

难度，为解决这一难题需要清楚"家底"有多少，制定科学合理的核算标准、流程以及核算方法，将核算结果通过评估机构鉴定使其更具有权威性，更加有利于生态产品精算结果的应用。

（一）开展生态产品调查监测

生态产品价值实现内涵深刻、外延广泛，其中生态产品调查监测是首要任务。开展生态产品调查监测能摸清"家底"，为生态产品进行精算以及市场交易奠定基础，是实现生态产品价值化的重要前提。

1. 推进自然资源确权登记

生态系统是由水流、土地、森林、滩涂等自然资源组合而成，长期以来，受到"条块分割"等现实因素影响，许多自然资源不能得到确权。江西省正在努力确定自然资源的权属，并将其划分为不同的产权主体。为了更好地管理这些资源，将建立权属证书与登记的有效联系，以便更好地管理山岭、森林、草原和滩涂等自然资源。

（1）对自然保护地进行确认登记。一方面，江西省自然资源厅组织技术力量开展对自然保护区、自然公园和其他自然保护区的研究并进行统一确认登记，明确由省政府在自然资源权利清单中行使所有权。通过确认登记，明确自然保护区、自然公园等自然保护区的范围、面积、主要保护对象的类型、分布、数量或质量、所有权主体、所有权代表、所有权内容。它与公共控制、在登记和向公众公布的基础上颁发自然资源所有权证书的要求有关。另一方面，水流、土地、森林、滩涂等登记单位不划分为自然保护区和自然公园，而是作为登记单位的资源类型进行调查记录。当同一地区有多个自然保护区，且其边界相交或重叠时，登记单位应当按照该自然保护区的最大限度管理或者保护进行划定，并说明多个自然保护区的自然资源管理情况。截至2022年7月，江西省已完成九岭山国家自然保护区等五个自然保护区的调查确认。

（2）确认登记河流、湖泊等水域的权利。根据全国土地调查和水资源专项调查结果，根据农村集体土地确权登记结果划定登记单位边界，根据相关法规或政策文件对水资源土地权利进行调查。探索构建水流自然资源三维模式，划定水流的范围、面积等自然条件，各主体和权属代理人行使主体和权利的内容，以及相关的公共控制要求。省自然资源厅可以根据登记结果向社会颁发自然资源权属证书。截至2022年7月，江西省已完成修河、潦河两条水流的调查确权工作。

2022年,省级组织开展武夷山国家公园（江西）、确认江西省林业科技示范林场、遂川江等13条河流的自然资源①。

（3）确认和登记湿地、草原和其他自然资源。将全国土地调查和资源专项调查结果与农村集体土地权属登记结果相结合,明确登记单位界线,按照有关规定或政策文件进行调查。通过确认登记,划定湿地草原自然资源的范围和面积、权属主体、权属代表行使主体、权属代理人行使主体和权利内容,从而颁发自相关资源权属证书,向社会公开。

（4）确认和登记探明资源储备量的矿产资源。对江西省石油、天然气等矿产资源已探明储量进行登记,有关部门要进行技术处理,采用立体登记模式,明确矿产资源的种类、储量、质量等自然属性。此外,有必要明确所有权主体与代理主体之间的内容。对于勘探的不同阶段,适当延长勘探期和期限,适当规定矿产资源储备的有效期和期限,促进土地使用权与勘探权和采矿权的有效联系。在此基础上,对林权、碳权、河权等自然资源进行了深入改革,丰富了自然资源确认的类型,扩大了生态产品向资产转型的途径。

2. 构建生态产品监测体系

通过构建生态产品监测体系能及时了解生态产品的相关情况,例如,种类分布、质量水平等;根据市场需求,了解生态产品的数量与质量变化,从而及时调整生态产品的供给数量和生态产品开发与运营的速度和策略（高世楫,2021）;推进生态产品信息云平台建设,加快生态产品的生产流通信息共享,这会使市场消费者获取生态产品相关信息,从而提高生态产品政府补偿的及时性和可持续性。

（1）编制生态产品目录清单。随着人口增长和工业化、城市化进程的推进,人类赖以生存的空气、水等自然资源日益稀缺,为人类提供生态产品的能力将发生变化。利用江西省"生态云"大数据平台,构建"一网一图一组实时动态数据"开放共享的生态产品信息综合管理模式。运用3S（RS、GIS、GPS）技术手段支持崇义、婺源、靖安、资溪等地形成"时间、阶段、潜力"三位一体的调查结果图,开展生态产品动态变化监测试点,准确掌握全省重点区域各类生态产品变化情况,形成生态产品目录。

---

① http://bnr.jiangxi.gov.cn/art/2022/3/28/art_60515_3899416.html.

（2）进一步完善自然资源和生态环境监测体系。实现生态产品可持续供应的前提是能够全面且及时地收集生态环境监测信息和权威的生态环境基础信息，江西通过各类监测系统所提供的信息，不断扩大生态环境监测网络范围，进一步对生态环境监测机制实行改革，通过各部门的统一规划、标准、监测和信息传播（高世楫，2021），实现数据权威性、及时性、可持续性，为生态产品价值的实现提供基础。

（3）加快建立开放共享的生态产品信息云平台。生态产品信息调查的最终目的是释放数据红利，实现这一最终目的必经途径是创建开放共享的生态产品信息云平台。在数字化政务板块，江西"生态云"大数据平台首次公开亮相的江西展馆，是由江西省生态文明办、江西省信息中心、江西省山江湖委办公室、北京数辉时空信息技术有限公司联合打造，其平台展示的视频、数据吸引了众多参展企业驻足询问、观赏。

3. 编制自然资源资产负债表

江西省作为中国第一批生态文明示范区和第一批统一规范的国家生态文明试验区，高度重视并积极编制自然资源资产负债表。根据全省现有的自然资源数据条件，首先编制实物量账户，及时进行价值核算。突出会计重点，从生态文明建设的要求和人民群众的期望出发，优先考虑土地、森林、水这三大具有重要生态功能的自然资源。通过结合质量和数量指标，利用相关技术手段和方法，确保基础数据和自然资源资产负债表数据的真实性和准确性，在实践中不断完善会计体系。

在国家统计局大力支持下，编制完成了试点地区2013～2015年自然资源资产负债表，继续推进水、土地等自然资源资产核算。2017年扩大试点范围，同时率先在全国范围内开展矿产资源自然资源资产负债表试点，积极探索编制自然资源资产负债表统计制度（王涛、辛冰、殷悦，2023）。2018年进一步修改完善编制制度。

编制自然资源资产负债表，探索新的资源环境核算制度，意味着经济活动不能以减少资源或破坏环境为代价，地方政府不能再以出售资源和破坏环境为代价谋求发展（张金昌，2018）。

专栏：鹰潭市余江宅基地改革

余江坚持在党的领导下，探索了一套覆盖区、乡、村组的农村宅基地管理制度体系，实现了宅基地有序管理，聚焦农村宅基地"三权"分置，重点在"五探索、两完善、两健全"9个方面开展深化试点。主要做法如下：

1. 统一面积标准，保障户有所居

坚持"一户一房""法定区域"的分配原则，因地制宜、因村施策，细化经营单位，统一区域标准，探索不同区域实现农村住房保障的多种形式，完善住户有房保障机制。一方面，在传统农业区，住宅用地面积控制在120~180平方米，新建时必须拆除旧的，鼓励和引导原址改造；另一方面，在县城规划建成区范围内，拆除安置一定面积的农民公寓和居民小区，不得擅自改建原有住宅。

2. 统一村庄规划，科学规范管理

（1）高标准规划。按照"布局合理、功能齐全、配套完善、生态优美"的要求（国土资源，2017），按照人均建设用地120平方米，制定村庄规划，合理确定农村居民点布局和规模，预留村庄通道、停车位、活动中心、养老中心等生产生活用地生态空间，实现住宅用地节约集约利用。

（2）严格的审批程序。完善"审查、验收、勘查、审批、放行、验收、发证"七道程序，签字后逐级审批。

（3）全资产赋权。把宅基地和山、水、林、田等各项集体资产权属变更到合作社，明确由合作社代表村集体行使宅基地等集体资产所有权。对空闲的宅基地，通过由合作社种植经济作物的方式，在明确集体权属的同时，带来部分集体经济收益。

（4）全方位监管。建立宅基地信息化平台，实行农民建房申请审批全流程线上管理，建房巡查"四到场"全面数字化管理，实现"信息一张图、管理一条链、监测一张网"；在建设地点实行挂牌公示住房审批信息制度，接受群众监督；加强对农民住房建设的动态检查，及时发现、打击和处理违法违规住房建设，实行最严格的问责制。

3. 统一有偿使用，强化制度公平

改变过去"一房多""一房过面积"的宅基地免费使用制度，探索建立宅基地有偿使用制度（郭利民、钱伟明、李静，2014）。一是对超占多占实行"阶梯式累进制"收费。对于因历史原因形成"多房"和"一房过面积"，且不选择退出的，由自然村村委会结合实际，统一调整合理使用有偿，民主协商确定起始面积标准，如果标准面积超过50平方米，每年收费10元/平方米；如果标准面积超过51~100平方米，将收取每年15元/平方米的费用，以此类推。已支付的使用费可以每年支付，也可以几年支付。二是实行"选点竞价"，进行初次分配。申请建设宅基地的，根据宅基地的地理位置和基础设施投资等，由村委会对宅基地实行"甄选招标"，并按基准价格100元/平方米确定底价，最高价格不得超过1000元/平方米，符合申请条件的村民可参加招标。

4. 统一退出机制，促进有序流通

宅基地退出一共有四种方式：①免费退出，主要适用于闲置和废弃的室外厕所、畜禽养殖场和未覆盖的建筑物。②有偿退出，主要应用于"多户型"部分，房屋按照建筑面积进行20~150元/平方米的补偿，而厨房和其他辅助用房按照建筑面积进行10~30元/平方米的补偿。③流通退出，主要用于村民之间的内部流转，通过转让、交换等方式实现。④政策退出，指政府通过收回宅基地来进行处置或重新分配，在土地用途、土地协议到期、村民自愿等情况下实行。

5. 统一综合利用，提升资源效益

（1）按照因地制宜原则，充分利用各类闲置土地，促进资源和资产双向流通。通过增减挂钩节余指标、补充耕地指标"两项指标"争取到省农发行48亿元贷款，助力宅基地改革和乡村建设。

（2）聚焦盘活"两闲"使用权，因地制宜，围绕深化宅改与城乡融合发展，利用闲置农房和闲置宅基地打造旅游业、林果业、园艺业等多种业态，促进了农民增收。

（3）协同推进集体经营性建设用地入市试点，创新建立"3+2+4"入市制度，完善建设用地储备、土地异地入市和基准地价制度三项制度体系。

（二）完善生态产品价值核算体系

可量化是以货币的表现形式来衡量实物量和价值量，通过生态产品可量化实现"绿水青山就是金山银山"。生态产品不同于一般商品，其所提供的生态能量不仅组成成分复杂，而且很难定量，同时其价格影响因素很多，因此生态产品的可量化需要开展生态产品价值核算。江西省构建以生态服务功能及其价值评估为基础的核算体系，逐步明确生态产品价值核算的初步思路。主要包括明确生态产品价值核算的对象和方法，选择适宜的核算方法，最终核算出生态产品价值。

1. 确定生态产品价值核算的对象

由于供给服务和文化服务已经包含在现有的国民经济核算体系中，结合《全国主体功能区规划》对生态产品的定义，生态产品与农业品、工业品和服务品并列，是侧重于产品的一类概念，强调其可以被人民群众直接享用的功能和价值。生态产品价值核算应与生态系统服务功能价值核算有所区分，生态产品价值核算的对象是生态产品本身，即重点对茂盛的森林等被人类直接感受或使用的产品进行价值核算，而非对生态系统中净化空气、涵养水源、保持水土、防风固沙、调节气候等间接的生态系统服务功能的核算。

2. 加强生态产品核算方法规范化

（1）核算对象单位标准化。针对生态产品类型，对不同生态产品的功能分类及按类别分别打分，并且设立标准额度及确定标准指标，再根据各地区的实际进行调整，将核算对象统一标准化，从而有利于价值的确定。

（2）深入研究现有的核算方法，目前多地主要采用生态系统生产总值（GEP）核算，通过对比不同地区和部门间的方法差异，借鉴成果经验，优化核算方法并推广使用，扩大核算的区域并逐步形成标准、规范统一的核算方法，确定生态产品的价值核算体系框架。

（3）依据生态产品的不同类型，分别设定适当的核算方法。进行核算需要选择核算的生态产品品种，需要从不同角度对生态产品的生态、经济、社会、文化等多个方面进行综合分析，这样的分析可以对生态产品的生产过程进行优化，同时还可以对社会、环境等因素进行评估，进而确保生态产品在不同市场中具有良好的发展空间。

依据生态服务功能评估方法从而选择对应的生态产品核算价值方法。存在四个生态系统服务功能：第一个功能是能够直接提供各种物质产品给人类社会使用，例如，水、蔬菜、水果等；第二个功能是非物质服务，例如，娱乐场所，图书馆等；第三个功能是调节各种生态过程，如气候调节等，以保证自然环境的平衡和可持续性；第四个功能是为前面三个功能的供给提供支持，例如，促进养分循环和初级生产等生态系统中的基本过程，以保证生态系统的健康运转。第一个和第二个是直接具备市场价值，第三个和第四个中很多生态服务价值是体现在某些市场价值之外的，所以其评估方法的选择会有所差异。根据生态与资本市场的市场发育程度，生态产品可以按照以下三类进行分类：已市场化、准市场化以及未市场化（黄如良，2015）。国际上通用的是直接市场法、替代市场法、模拟市场法这三种方法。

直接市场法。其主要适用于能够直接体现市场价值的生态服务或产品，前提是生态产品具有可交易性。处在完全竞争市场环境中，这些生态服务或产品能够通过市场价格直接反映出其真实价值。存在三种评价方法。替代市场法是一种揭示偏好的方法，适用于一些生态产品并不直接存在于市场上，但市场上存在它们的替代品或服务的情况。此法通过找到某种有市场价格的替代物来间接衡量没有市场价格的环境物品的价值。常用的生态系统服务价值评估方法包括内含价值法、资产价值法和避免行为法等。而当市场难以反映生态产品或服务的实际价值时，可采用模拟市场法，这需要人工构建一种想象市场来评估生态系统服务的价值，同时还可以采取问卷调查和其他方法来直接或间接了解人们对某些生态服务或产品的付费意愿。其目的是破除真实市场不存在的限制，向人们提供一个假想的市场。例如，投标博弈法、德尔菲法等。

3. 精算生态产品价值量

（1）生态产品功能的第一次核算，统计生态产品在一定时间内提供的生态调节功能。大多数生态产品提供的产品和服务的产量可以通过现有的经济会计系统获得，一些生态产品的调节功能可以通过现有相关资源监测系统获得，一些生态产品的调节功能可以通过生态系统模型进行估计。遥感监测、水文监测、气象站、环境监测网络等生态环境监测系统，可为生态产品功能量的核算提供数据和参数。

（2）确认各种生态产品的功能价值。对于每个生态产品及其不同功能，可以选择三种不同的定价方法。其中实际市场技术采用实际的市场价格作为生态产品的定价；替代市场技术采用"影子价格"和消费者剩余价格来衡量生态产品的价格和经济价值；而按照支付意愿和净支付意愿模拟市场技术，可以用以展示生态产品的价值。

（3）在获得各种生态产品功能和价格的基础上，计算生态产品的总经济价值。公式（4-1）表示一个地区生态产品的总价值。

$$V_{tot} = \sum_{i=1}^{n} (V_{ep,1} + V_{er,2} + V_{er,3} + \cdots) \qquad (4-1)$$

其中，V_{tot} 表示一个地区生态产品总价值，i 表示这一地区生态产品的类型（空气、水、森林、湿地、草原等），$V_{ep,1}$、$V_{ep,2}$ 和 $V_{ep,3}$ 分别表示每一种生态产品包含的各类生态功能的价值。

在核算一个地区生态产品总价值时，首先分别核算空气、水、土壤、气候等生态产品的价值，对一些既是生态系统又是生态产品的核算对象（如森林、草原、湿地）进行价值核算时，由于其主要生态调节服务的价值已经通过空气、水、土壤、气候等其他生态产品体现，为避免重复计算，在对这类生态产品核算时不再考虑已被其他生态产品所表现的功能价值，而重点考虑其自然灾害防护、病虫害防治、美学价值等未被其他生态产品表现的价值。最后，将各生态产品的价值相加得到一个区域的生态产品总价值。

专栏：抚州市生态产品价值核算方法

自2018年1月起，抚州市开始与有关部门进行合作，对生态产品和生态资产进行核算。中心基于抚州市生态资源基础数据，综合考虑生态系统服务价值等因素，结合试点经验，建立了科学、统一的价值核算评估方法。抚州市生态产品核算涉及12个核算指标和22个核算主体。一方面，根据相关监测数据和统计数据，计算各种生态产品的功能量，然后运用评估方法确定生态产品的价格；另一方面，根据功能量核算和各种生态产品价格核算的确定，计算得出2019年抚州市生态产品总值为3907.35亿元，相当于当年国内生产总值的2.59倍（见表4-1）。

表 4-1 2019 年抚州市生态产品价值量

核算大类	产品类型	核算指标（亿元）	各类产品价值量		大类价值量（亿元）	大类比重（%）
			小类价值量（亿元）	小类占大类比重（%）		
物质产品	农业产品	农业产品价值	213.24	213.24	58.9	
	林业产品	林业产品价值	28.57	28.57	7.9	
	畜牧业产品	畜牧业产品价值	81.92	81.92	22.6	362.19	9.3
	渔业产品	渔业产品价值	30.23	30.23	8.3		
	水资源	生活用水量	2.48				
		工业用水量	4.95	8.23	2.3		
		城镇公共用水量	0.80				
调节服务产品	水源涵养	水源涵养量	1065.87	1065.87	36.3		
	土壤保持	减少泥沙淤积量	30.81				
		减少氮面源污染量	57.92	115.78	3.9		
		减少磷面源污染量	27.05				
	洪水调蓄	水库调蓄量	117.96	416.51	14.2	2936.16	75.1
		植被调蓄量	298.55				
	水体净化	净化 COD 量	1.29				
		净化总氮量	0.12	1.61	0.05		
		净化总磷量	0.20				
	固碳	固碳量	6.99	6.99	0.2		
	气候调节	植被蒸腾降温量	923.17	1329.41	45.3		
		水面蒸发降温量	406.24				
文化服务产品	景观游憩	景观游憩价值	609.00	609.00	100.0	609.00	15.6
生态产品总值						3907.35	100

二、精算评估"绿水青山"，加快"生态资产"向"生态资金"转化

精算评估是指通过综合使用数学、统计、金融等领域的理论和工具，对市场需求和供应进行全面分析，从而确定市场价值、潜在产品市场或服务规模和市场份额等。采用精算评估机制可以帮助企业更准确地预测市场变化趋势和需求规

模，从而优化产品或服务的研发和营销策略，提高市场竞争力和经济效益。明确精算标准是建立精算评估机制的前提条件，建立精算评估机制是建立精算结果应用机制的基础。建立精算评估机制是实现生态产品精算评估体系的关键环节，使生态产品价值化更具有权威性和说服力。建立精算评估机制主要从确立生态产品价值评估标准、以市场供求关系为导向的评估、建立生态价值核算平台这三个方面进分析。

（一）确立生态产品价值评估标准

积极衔接全国重要生态系统保护等内容，利用人工智能、大数据等前沿技术，探索形成基于生态系统重要性的生态产品价值评估标准，并根据市场交易实情逐步修正完善。江西省组建生态产品价值第三方评估机构，依据"谁评估，谁担保"的原则，探索制定村镇层级和项目层级的生态产品价值评估细则，逐步完善在资质审查、技术规范、评估流程、结果建档等方面的具体实施办法。

抚州市正与德勤会计师事务所和安永会计师事务所合作，探索建立符合国家标准的第三方生态产品评价和核算应用体系。该市选择东乡区（农产品主产区）和资溪县（重点生态功能区）作为生态产品价值核算的试点，已经委托第三方机构开展核算工作。针对农地，抚州市对全市 157 个乡（镇）的主要农作物和经济作物进行了收益价格或流转价格的研究，同时还成立了专家库和第三方评估机构库，以提供土地承包经营权抵押贷款价值评估参考价等政策指导，为金融机构评估农地提供帮助。对于林地，政府组织银行、金融机构、木材和竹材企业、木材经销商、林农代表等开展听证会，以制定合理的价格和政策措施。根据距山地农场的距离、场地条件、树种、规格等因素，确定当年林权评估基准价格，为银行业金融机构贷款提供参考，防止林权抵押贷款严重偏离实际价值，从而解决森林资源虚估和林权抵押不良贷款率高的问题。古屋古建方面，加强与深圳文交所对接，开展线上线下评估试点。抚州市还与第三方机构联系，探索建立市场化的核算评估体系。

资溪县在生态保护方面投入了大量的资源，成立了生态资源价值评价中心，致力于建立统一的生态价值评价标准。其中，森林资源调查中心参与了生态资源（林业）交易早期的生态价值评价业务，并邀请专业的第三方评价机构对林业以外的生态资源进行自然资源资产评价。金融机构和交易当事人可以根据需要获得相关的资产评估报告。除此之外，资溪县联合相关研究所，成立了全省首个生态资源价值评价中心,启动林业碳金融试点工作,促进生态保护和对生态价值的认识。该中心的另一个目标是在全省社会信用体系建设试点工作的基础上,建立生态信用企业白名单。20家企业因为其优秀的信用得到政府的认可,并被授予了"2020年资溪县生态信用企业"称号。

(二)推进以市场供求关系为导向的评估实践

以市场供求关系为导向的评估实践可以帮助企业更好地了解市场需求和供应状况,是实现精算评估机制的重要环节之一。在精算评估的实践过程中,以市场供求关系为导向是不可或缺的环节,其有利于生态产品精算标准的应用。通过对市场需求的评估和供应的分析,可以全面了解市场现状,剖析市场需求和供应的矛盾和差距,为下一步的决策提供更为准确的数据支持。同时,以市场供求关系为导向的评估实践还可以揭示产品或服务的潜在市场和竞争对手,为企业确定市场战略。因此,推进以市场供求关系为导向的评估实践,可以为企业实现精算评估提供决策层面的支撑,为市场营销决策提供更为科学的依据。

专栏:资溪"两山银行"

2020年8月28日,资溪县创新性地成立了"两山银行",它是一个类似于商业银行的平台,旨在整合和管理自然资源,并推动可持续经营和市场化交易。这个平台的建设体现了一种新的市场化创新机制,通过平衡生态资源经营管理的"权"和"利",实现了生态产品价值的最大化。

也就是说,"两山银行"的经营管理平台通过对生态资源的再配置和生态资产的优化利用,构建了资源资本化的中介平台,提供了多主体协同治理的可持续发展体系,持续推进生态工业化和产业生态。该平台集生态资源评估、整合、运营、交易以及金融服务等功能于一体,采取NPO(非营利组织)的运作模式,按照"资源整合—资产运营—资本赋能—培育产业—助民致富"的逻辑开展工作,着力打造生态资源保护、开发、提升的价值实现闭环。

资溪"两山银行"自创建之初就得到了广泛关注和各界大力支持,运作模式不断深化创新,在推动生态产品价值实现上取得积极成效。2020年11月

30日，江西省在抚州市资溪县召开"两山"转化金融服务会议。会议上，该县率先创立了"两山银行"，制定并推出了"资溪方案"，以探索形成"两山"金融服务的新模式。该计划将发挥金融的作用，为"两山"发展提供资金支持和保障，推进生态文明建设、生态资源管理和可持续发展。全国政协委员、国务院参事李武，国务院参事、中国农业大学经济学特聘教授、博士生导师何秀荣，以及来自中国人民大学、北京林业大学等的200多名专家学者参加了会议，共谋资溪发展。

（三）建立生态价值核算平台

（1）建立江西生态价值核算平台，可实现对江西生态环境资源的全面评估，发挥江西生态资源的优势，加强生态保护，推动生态文明建设和可持续发展。

一是确定江西生态价值核算指标服务体系的价值分析和生态评估环境的自然资源价值以及社会价值、生态文化价值等多个方面的系统指标，了解各类生态产品交易动态、生产服务、实际流量和价值变化等信息。二是搭建江西生态价值数据库，该数据库应包含江西各类生态资源的数量、空间信息和价值信息等数据，以及针对江西生态系统服务的不同功能，建立定量和定性评估分析及测算模型。三是将各种生态指标数据与数据库中的历史数据进行对比分析，进而构建相应的江西生态价值模型，使其更准确地反映江西生态价值。四是推广核算平台，将该平台评估周期推广到江西省，并在全面了解江西生态资源与江西生态价值经济的情况下，建立起联动机制，促进经济与生态的共同发展。

（2）建立生态价值核算平台，可以将核算的生态产品进行数据管理、维度分析等，以达到生态产品价值可视化效果，将其直接呈现出来，有利于深入确量生态产品的价值，是实现"两山"理论的重要举措。将核算平台与相关技术部门相结合，使其结果更具有权威性、更加准确。可以为江西省生态保护和可持续发展提供理论支持和数据依据，从而促进江西经济的健康发展。

专栏：资溪县数字化服务平台

1. 搭建 GEP 精算数字化服务平台

以"GEP+"助力生态产品价值实现为核心理念，设计开发资溪县 GEP 精算数字化服务平台，集数据管理、多维度分析、可视化展示、兴趣区生态价值在线计算、生态产品价值实现应用扩展等功能于一体，将资溪县丰富的生态资源、精准的生态价值以信息化的手段直观呈现，有利于深入挖掘资溪生态产品所蕴含的经济价值，为资溪县因地制宜探索建立生态产品价值实现路径提供重要抓手，是践行"两山"理念的重要举措。

2. 设计开发"两山"转化中心应用模块

以资溪县 GEP 地图平台为载体，从"两山"转化中心实际业务需求出发，设计开发"两山"转化中心应用模块，整合县域全覆盖的山、水、林、田、湖、草等碎片化生态资源，结合图斑级生态产品价值精算结果，将生态资源"明码标价"摆上货架，集成"两山"转化中心价值评估项目，为发展绿色金融、打通"资源—资产—资本—资金"的转化通道提供数据和平台支持。

3. 实施成效

通过开展资溪县年度 GEP 精算工作，逐步建立起多部门基础数据采集报表机制、图斑级生态产品价值精算体系、生态产品价值精算应用体系等。经核算，资溪县 2020 年 GEP 总值为 366.3 亿元，约为当年资溪县地方生产总值 GDP（44.97 亿元）的 8.1 倍，显示了资溪县生态系统良好的资源基础，丰富的生态资源中蕴含了巨大的经济价值，具备较大的价值转化空间。

在时间维度上，2020 年资溪县 GEP 总值相较 2019 年增长 9.55 亿元，增幅 2.68%，单位面积 GEP 相较 2019 年增长了 0.76 万元/公顷，资溪县生态状况稳定向好。

在空间维度上，立足资溪生态系统空间分布格局，结合精细化 GEP 核算结果，形成县—乡镇—村—图斑四级 GEP 核算体系，摸清不同区域生态本底及价值分布情况，为进一步优化生态产品空间分布格局提供指南。

在领域维度上，结合县域全覆盖图斑级 GEP 精算结果，开展毛竹、白茶、森林碳汇等专题分析，精准呈现资溪特色资源的生态价值分布情况，为助力碳排放权和碳汇交易、"纯净资溪"公用品牌价值提升提供重要参考。

三、精算应用"绿水青山"，推动"生态资金"向"金山银山"转化

促进生态产品价值精算结果的应用，是实现生态产品价值的必然要求。通过将单位行政区域生态产品总价值和特定区域生态产品总价值的精算结果应用于政府和市场，实现政府和市场的双轮驱动和双向努力，形成合力，促进生态产品价值的实现。政府应根据生态产品的价值精算结果制定相应的政策，以确保生态产品的可持续发展。在市场方面，生态产品的市场定位和产品定价可以根据价值精算结果进行调整，以改善产品的附加性。

（一）推动精算结果在政府方面应用

通过建立离任审计制度和诚信档案，可以在保护环境的前提下实现生态产品价值，有利于生态产品的可持续发展。通过突出生态产品价值核算结果的应用功能，政府可以干预生态产品市场，对生态产品价值采用合理的调控手段。

（1）建立离任审计制度和诚信档案。"火车跑得快，全靠车头带"，实践表明，优质生态产品之所以稀缺与过去政府采取粗放式发展方式有关，因此在生态产品的应用中要抓少数干部群体。首先，建立完善领导干部自然资源资产离任审计制度。对审计结果进行充分的利用，将其作为领导任免、奖惩的重要依据，不仅是对现行离任审计制度的有效补充和重要完善，也是一种平衡的措施。在审计过程中，我们时刻保持底线思维，确保监督的严格性和有效性，即不能破坏生态环境，坚决避免出现生态产品总值下降的结果。江西省正在积极探索适合自身实际、具有地方特色的领导干部离任自然资源资产审计模式和制度，包括明确实施离任审计具体方法；制定离任审计项目操作规程；构建离任审计评价指标体系。在萍乡市等地开展党政领导干部离任自然资源资产审计试点，探索逐步完善党政领导干部离任自然资源资产审计制度①。其次，我们将着力建立企业和自然人的生态信用档案，纳入失信范围的行为将包括破坏生态环境，超出资源环境承载能

---

① https：//www.gov.cn/gongbao/content/2017/content_5232361.htm.

力等不当行为。将加强省级国土空间规划的编制工作，制定永久基本农田红线、生态保护红线以及城市发展边界，同时结合自然生态空间利用控制试点，秉持"不搞大开发，共同搞大保护"的原则，为缓解生态环境所面临的压力而努力。

（2）突出生态产品价值核算的决策应用功能。生态产品相对于市场上的一般商品而言具有特殊性，主要体现在价格具有刚性、政府具有定价权、生态产品的区域差异性等特征。生态产品价值核算需要具备可操作性才具有政策意义，其核算结果不仅能对后续生态产品提供一定的参考价值，以及为市场交易、融资、财政转移支付等提供重要依据，还能作为政府干预生态市场的依据，帮助政府合理定价。

（3）在生态保护补偿和损害赔偿过程中，充分考虑生态产品保值增值的实际结果，并将核算结果作为制定生态保护补偿和生态环境损害补偿标准的依据，明确详细可操作的制度安排和管理方法，有效解决"谁来买单""买多少"等问题。

（二）推动精算结果在市场方面应用

江西省作为中国的重要农业大省，在生态保护和生态农业方面一直走在全国前列。随着国家环保意识的日益增强和人们对绿色生活的追求，江西省生态产业迎来了发展新机遇。因此，江西推动生态产品精算结果在市场上的应用，具有积极的意义和巨大的潜力。

生态产品精算是一种将生态环境的影响因素和生态产品的投入产出分析结合起来的精算方法。通过对生态产品的成本、效益以及生态环境的投入、产出进行定量测算和分析，从而为生态产品质量和定价提供科学的依据。江西省积极推动生态产品精算方法在企业和市场中的应用，可以更好地推动生态产品的生产与销售，并提高生态产品在市场上的竞争力和市场占有率。同时，采用生态产品精算方法，还可以优化生态农业、渔业和畜牧产业的生产和生态结构环境，提高食品质量。首先，加强生态环境保护，鼓励企业对生态环境进行合理的投入，提高生态产品的生产质量。其次，加强生态产业的培育和发展，鼓励企业开拓新的生态产品市场，为消费者提供优质的生态产品。再次，加强生态产品的宣传和推广，积极开展生态产品的文化和品牌建设，提高生态产品的知名度和美誉度。最后，将核算结果应用于生态资产权益抵押贷款、资产证券化、债券等多元化融资工具，打通"生态+金融"通道。一方面，就核算结果积极与金融机构对接，论证项目运作模式、预估收益及现金流的可行性，在符合银行信贷风控合规要求的基础上，引导金融机构在发放抵押贷款过程中充分考虑生态产品价值的未来收益，在贷款金额、信贷利息方面给予倾斜；另一方面，以特定地域单元范围内搭配的资产为依托，以核算结果为基础，以预期现金流为资产收益来源，探索发行基于特定区域单元生态产品的资产证券化工具促进了特定区域单元生态产品价值的实现（黄克谦、蒋树瑛、陶莉、高有典，2019）。推动精算结果在市场上的应用发展是江西省创新的举措，其目的在于助力市场化、多元化的生态产品经营开发，实现可持续发展。

第二节　建立健全江西生态产品市场交易体系

市场价值实现路径是连接生态产品供需的桥梁，也是最直接、最有效、交易成本最低、潜力最大的价值实现路径。建立健全江西生态产品市场交易体系，能发挥市场作用，促进供需对接，扩大实现模式，促进价值增值，促进股权交易，提高供应效率，缓解财务压力，即通过生态产品市场交易体系获得直接收入，促进生态产业化，扩大生态产品产业链（才琪，2022），提高生态产品附加值；也通过生态资源股权交易，让使用生态资源的主体付出相应的代价和成本，促进绿水青山生态产品价值在市场交易中的实现。

一、推进生态产品供需精准对接

由于生态产品供给分散化以及市场信息不对称、不充分，生态产品产销对接明显不畅，或是供不应求，或是供大于求。因此要确保生态产品供需有效平衡，必须促进供需精准对接，让供给主体与需求主体间达成长期稳定合作，使生态产品供给与需求有效匹配，以需求牵引供给，用供给创造需求，更好满足投资者、消费者的多元化需求。

（一）打造生态产品交易展示平台

生态产品交易展示平台是一个将优质的生态产品和丰富的生态资源转化为经济发展的动力源泉的助力剂，有利于生态产品流转，引导绿色生产生活。一方面，鼓励在试点地区打造面向全省的生态权益和生态产品一体化交易平台，争取逐步建设成为长江中游地区的大型交易中心。持续办好"中国绿色食品博览会""江西省旅游产业发展大会""江西林业产业博览会"等生态产品推介博览会，打造全国性生态产品交易展示平台。另一方面，鼓励通过现有大型综合交易市场，加快电子商务平台生态产品专区建设，促进线上线下资源和渠道深度融合。依托现有投资平台，对生态产品开展"云投促"和"云谈"，促进生态产品供需、资源与资本的精准整合，进而实现增值。截至 2022 年 7 月，江西省打造了中国南方生态产品交易平台、林业要素交易平台、综合环境能源交易平台、"碳普惠"公共服务平台。

专栏：环境权益交易平台

1. 中国南方生态产品交易平台

关于建设全国性生态产品和资源环境权综合交易平台的部署要求，省公共资源交易集团以现有交易产品和客户基础为依托，以强化资源整合、提升服务效能为重点，以满足生态产品资讯—评估—交易全业务链需求为目标，开展中国南方生态产品交易平台网站的建设。

2021 年 9 月 29 日，华南生态产品交易平台网站正式上线。平台包括三大核心栏目：信息中心、项目中心以及综合评估。信息中心主要提供最新新闻和政策信息；项目中心则整合了林业碳汇、能源使用权、水权、采矿权等生态相关产品的交易信息；综合评估则评估所涉及生态价值产品的综合价值。生态价值产品评价主要展示价值评价的典型案例，向公众提供与生态产品相关的活动信息。平台从信息内容供给、交易信息供给、评价服务供给等多角度为公众了解和参与生态产品交易提供服务，实现生态产品业务一站式综合服务功能。

2. 成立全国碳市场能力建设（上海）中心江西分中心

2021 年 12 月 17 日，成立全国碳市场能力建设（上海）中心江西分中心，这一举措是江西省积极参与全国碳交易市场的重要动作之一，代表江西省在碳交易领域的建设迈出了重要一步。该中心将积极推进江西省碳交易能力建设培训等相关工作，为江西省成功对接和融入全国碳市场打下坚实基础。

（二）加大生态产品宣传推介力度

生态产品的宣传推介是促进生态产品供给者与需求者间开展产品交易的重要保障，借助互联网、新闻媒介等途径宣传，提高生态产品知名度，让更多大众知晓此品牌，有利于提高市场份额，提高获利能力。一方面，定期开展生态产品推介会、博览会，适时启动和打造"江西生态产品消费节"品牌活动，提高生态产品的知名度和美誉度；另一方面，用好新闻舆论、电影电视、音乐歌曲、体验旅游等方式，结合创意广告、宣传片等方式创新生态产品营销模式，丰富生态产品营销内容，强化江西省生态产品的"消费记忆"。加强对游客"引得进、留得住"的载体建设，增强生态"留客"吸引力。注重生态产品"带得走"的高端礼品经营，精心设计和包装小型多样的高端生态礼品，能够满足不同层次人群对于产品的精细化、多元化需求。截至 2022 年 7 月，在"生态+品牌"方面，成功打响"江西风景独好""观鸟来江西"等品牌；"江西山茶油""金溪香料""江西绿茶""赣南果业"等一系列林业品牌在国内知名度明显提高。

（三）加强和规范平台管理

近年来，随着平台规模的扩张，也出现一些不容忽视的问题，例如，平台企业不遵守市场竞争规则，影响了用户正当权益。加强和规范平台管理，关键就是要提升政府对平台的监管效能，对生态产品实施严格的质量管控制度，推动交易平台与企业等供给端建立合作关系，保证生态产品的正规来源和正宗品质。强化政府部门监督执法职责，建立事前准入环节信息核查制度。督促平台管理者严把准入关，核验入驻平台的生态产品经营者的真实信息，并对生态产品的来源地、原料构成、检测结果等核心要件的真实性进行认真核验，做好登记、建档和动态更新，鼓励平台企业向社会和消费者作出信用承诺。健全事中监管巡查机制，采取网上监测、线下抽查、举报热线等方式，全范围监督平台上架销售的生态产品，确保生态产品真实性、品质性。完善事后环节惩罚约束制度。建立生态产品"负面清单"机制，针对生态产品可能出现的以假乱真、以次充好等情况，对交易平台和生态产品经营者进行严厉处罚，列入负面清单并向社会公布处罚信息，提高违法成本，保证生态产品质量。

二、加快推动环境资源权益交易

自然资源管理是包括森林、草原、湿地等自然资源的使用和经营、环境容量使用等权利。生态资源权益交易是将自然资源转为市场价值的重要途径，也是达成碳达峰、碳中和目标的重要方式。

（一）完善环境权益交易区域平台

省委、省政府正在探索建立排污权、水权、能源权等环境权交易体制机制，依托省环境能源交易中心，建立健全环境权交易平台。借鉴国际经验，完善总量控制与交易模式，科学设定交易总量，合理确定初始配置方案。成立专门交易监测机构，专职负责交易的监测、核定等工作，制定环境权交易条例，明确违规企业的处罚机制。建立完善统一的环境权交易信息平台（孙志，2017），实时查询企业环境权初始配额、交易规模、剩余指标，保证企业排放权交易的真实性，为交易各方提供价格和供需信息，降低交易成本。组建了华赣环境集团，加快推进环境权益市场化交易的基础性工作，积极探索林业碳汇交易，截至2022年2月已累计成交近4万吨碳汇减排量。研究制定符合我国国情的环境权配额管理和分配制度、交易制度、履约制度和清缴制度。参照上海、深圳证券交易所和郑州粮食交易所的做法，在江西省试点设立国家环境交易所，建立完善环境、林权交易的市场监管体系，促进碳排放权、排污权、用能权等交易市场公正、有效、平稳运行。

政府设立、农民参与、市场运作、企业主体是建设"两山银行"的重要思路，旨在实现生态资源优质高效地转化为资产和资本，充分吸取农村"三变"等相关改革经验，摸清资源资产底数，统筹构建生态资源资产经营管理平台，建立生态资源"调查、评价、控制、流通、储备、规划、改进、开发、监督"全过程的综合工作机制。围绕推进资源向资产转化过程中的困难和障碍，重点探索创新完善技术咨询服务机制，加强市场对接服务供给，提高资金供给服务水平，拓展要素流通渠道，畅通政府与市场、金融与产业、资源与资本对接渠道，切实推进生态资产资本化和产业化，推动企业、集体、村民利益共享。

以江西省"湿地银行"试点建设示范县为契机，致力于打通"两座山"转型通道，让湿地从"面子"走向"价"，以"绿"提升湿地生态"含金量"，聚焦"五个依托"，围绕湿地平衡指标交易探索出一套组合拳头，有序推进湿地生态价值市场化运作，带领江西省率先实现湿地资源网上交易。通过开展湿地保护与经济社会发展的有益合作，为创建良好的共赢局面作出贡献。为了实现经济效益和社会效益的双赢，万年县开展名为"湿地银行"的试点项目，通过该项目的实施，成功扩大了湿地面积，改善了水质、提高了生态效益、增加了生物多样性，同时也从指标转移中获得了丰厚的效益。经过不断的努力，2021年12月，万年县终于挂牌成立了江西省首家"湿地银行"。

专栏：万年县湿地银行

主要做法有以下五个：

1. 依靠组织保障，形成部门联动

由于成功地促进了湿地生态产品的价值实现，湿地银行项目开展了有益的湿地保护与经济社会发展合作。这种合作的积极影响体现在不断改善的生态环境和经济效益上，并为整个区域的可持续发展营造了良好的共赢局面。湿地银行在这一过程中发挥着至关重要的作用，为创建这一共赢格局做出了卓越的贡献。

2. 依靠服务中心，启动试点操作

充分利用竹溪国家湿地公园保护中心办公区域和湿地公园教育大厅空间，建成面积约350平方米的湿地银行服务中心，集湿地资源登记、湿地银行价值评估、湿地银行认定、湿地银行交易、湿地银行监管五个子中心于一体，并赋予相关职能。至此，建成集湿地资源收集储存、湿地价值评估、湿地资源交易、湿地交易监管、湿地科普教育等功能于一体的万年县湿地银行运营一站式服务载体，接受湿地交易，配合专业团队，积极开展申报、湿地征用补偿平衡指标登记核算，湿地储备资源清查登记。

3. 依靠流程设置，做到有章可循

设置了万年县"湿地银行"工作流程：拥有适于修复为湿地后备资源的实体（政府、私人），可以通过江西省"湿地银行"信息化服务平台，申请将后备资源登记入万年县"湿地银行"。同时，登记中心对后备资源进行审核登记，登记入库的后备资源主体如缺少资金可提交湿地修复资金贷款申请，与"湿地银行"达成协议的金融机构对湿地资源进行评估发放贷款。主体完成湿地修复后向万年县"湿地银行"申请新增湿地登记，委托万年县"湿地银行"价值评估中心进行湿地指标评估。万年县"湿地银行"对其进行指标登记，万年县"湿地银行"受主体委托后挂入万年县"湿地银行"交易平台进行出售。

4. 依靠技术支撑，建立资源数据库

为了更好地保护和管理万年县的湿地资源，聘请专业的技术团队，通过对国土"三调"数据的全面摸排，打造万年县湿地资源数据库。持续开展湿地后备资源摸排工作，将尚未纳入数据库且能够恢复成为稳定湿地生态系统的土地，作为湿地储备资源，一旦确定了其位置、边界、面积、权属、利用状况等信息，就将其纳入湿地保护区资源数据库中。同时，积极探索湿地资源信息化智能监测的方法，利用 23 个水质、气象、空气监测站、4 个鸟类监测站等设备，对现有监测系统的智能化功能进行了完善，并且利用遥感技术绘制了湿地资源图谱，以便对列入数据库中的湿地资源实施动态管理。通过这些措施，我们可以更好地保护万年县的湿地资源，确保它们得到可持续的利用和发展。

5. 依靠省级平台，实现生态交易

利用全新打造的"湿地银行"信息管理平台，为万年县湿地银行服务中心提供湿地职业平衡指标网上登记和公开展示等功能。在湿地银行框架下，我们与南昌水投水利开发有限公司成功进行了江西省范围内的第一笔湿地信用价值交易。2021 年 12 月，本次交易的面积达到 270 亩，总交易金额高达 1890 万元。这一重大的成就是湿地资源保护的重要里程碑，标志着我们的探索取得了令人鼓舞的进展，也弘扬了我们保护湿地资源的理念。

（二）健全碳交易机制

碳排放交易是指企业或地区将其碳排放分配余量出售给碳排放超额的企业或地区以增加其可排放量。一是持续深化碳排放权交易试点，加快江西省碳排放权交易中心建设。建立江西省重点企业碳排放权交易配额分配、履约、清缴系统平台，健全碳排放权交易市场管理体系、交易管理制度体系和技术支撑体系。二是开发运营"江西省碳中和平台"，并与江西省林业碳汇交易系统联动，各类企事业单位和个人等可在线购买林业碳汇，实现在线碳排放计算与在线碳中和功能。该平台面向会议、景区、组织、个人碳中和四大服务板块，自上线以来拥有注册用户 3 万个。2021 年开展第二届鄱阳湖观鸟周、2021 年森林旅游节等共计 1000 余次的碳排放核算与碳中和认证活动，碳中和量达 6634 吨。三是扎实做好碳市场相关基础工作。完成八大行业重点企业2020年度碳排放核查，率先完成发电行业重点企业配额分配，共获得免费配额约1.95亿元。做好碳市场数据监督管理工作，完成对江西省已纳入2019～2020年度全国碳排放权交易的发电行业重点企业开展的碳排放数据质量监督管理专项检查。圆满完成配额清缴任务，45家发电企业全部完成履约，1家因银行账号被冻结无法履约，实现了"应履尽履"。大力推进碳排放权交易，自2021年全国碳排放权交易市场正式启动交易以来，江西省已将45家发电行业重点企业纳入全国碳排放权交易市场首个合规周期配额管理。截至2022年7月，江西已有43家发电企业纳入国家碳排放权交易市场，还累计完成了143万宗林业碳汇业务的交易，其中包括许多个人碳汇交易，也包括其他会议碳中和的碳汇交易。

专栏：乐安碳汇

乐安县着重于开展业务培训、调查摸底、谋划推进以及探索创新模式等关键措施，旨在有效高效地推动林业碳汇交易改革的实践。

1. 坚持试点先行

乐安县为满足实际需求，于2014年在县内实验林场率先试行了中国首个按照VCS国际标准进行自愿减排森林经营的碳汇项目，并同时推进了碳排放权交易项目。随后，2017年1月，江西省碳排放权交易中心签署了首个林业碳汇减排项目，开创了江西省自愿碳减排交易的新局面。

2. 统筹谋划推进

在碳汇开发与储备方面，选取乐安县实验林场开展造林、林分抚育等活动，积极将生态优势转化为发展优势；在运作模式方面，基于目前林业碳汇上市交易运作模式体系主要有CCER中国核准减排量和VCS国际标准减排量，乐安县根据实际县情，选择属于VCS国际标准减排量。在2013年10月29日，经过国内外50多人次、15家技术平台、专家团队7次现场勘查和26次会议研讨，在国际VCS平台注册备案，成为全国首个VCS国际标准碳汇项目的一部分，共审定碳汇当量337万吨。

3. 着重系统开发

乐安作为全省重点林业县，近年来，发展林业碳汇主要采用两种模式：一是建立"国有林场+公司"模式。该林场以乐安县绿园生态林场为资源方，在不影响正常生产经营活动的前提下，提供 50 片林地，共 11 万亩作为项目目标。在这样的模式下，资源方可以获得 50% 的利润。二是"农民专业合作社+公司"模式。针对私有林产权分散等问题，乐安县采取创新模式：整合两个以上乡镇资源，成立农民专业合作社。该合作社不承担市场风险，按照约定比例同时参与项目分红。

4. 健全保障机制

乐安县借助中国人保财险挂点帮扶乐安县的优势，2021 年 6 月，人保财险乐安支公司正式与乐安市绿园生态林场达成了合作协议，为绿园生态林场的 11.62 万亩碳汇林提供碳汇价格风险保障，总数为 19173 万元。此次引入林业"碳汇价格指数保险"，区别于传统林木保险，林业"碳汇价格指数保险"是将保险对象认定为各类树木，该保险的创新之处在于将碳汇交易价格作为保险对象，在保险期内，当市场林业碳汇价格波动造成交易价格低于保险约定价格时，按差价进行赔偿。

（三）健全排污权有偿使用制度

污染物排放权是指由于生产或者生活污染的需要，污染者按照排放指标、范围、时间、地点、方式等。通过技术进步治理污染和企业间通过货币交换相互调剂排污量，从而提高污染治理效率、节约污染防治费，同时有效培育排污权市场交易，充分调动政府、企业、全社会、金融机构等参与排污权交易市场的积极性。2021 年加速推动排污权有偿使用和交易制度落地见效。主要采取了以下三项措施：一是完善排污权交易相关配套制度。印发实施《江西省排污权交易规则（试行）》，同时配合江西省发展改革委员会等部门联合印发《关于排污权有偿使用费与交易价格有关事项的通知》。二是完成了管理和交易平台升级改造。经过多轮次联调测试和系统功能的评估，江西省排污权管理系统和交易系统平台系统功能完备，性能稳定，现已投入运行。三是正式启动排污权交易工作。积极协调各设区市生态环境局推动排污权交易工作，于 2021 年 12 月 16 日上线交易，九江市 2 家企业首单交易二氧化硫 96 吨，成交价 389 元/吨·年，氮氧化物 137

吨，成交价 389 元/吨·年，交易期限 5 年，成交总金额约 52.17 万元。

（四）建立用能权交易机制

用能权交易则是指在一定区域内，用能单位按照年度用能总量指标展开的交易和转让。建立能源交易机制是推进生态文明体制改革、实现碳峰值和碳中和目标的重要举措。这一机制的实施可以促进清洁低碳、安全高效利用能源，并具有维护国家能源供应、节能减排方面的重要意义。目前，部分行业已经开始开展节能交易试点，同时也在探索在重点行业初步建立并完善能源使用权分配和交易制度。主要体现在以下两个方面：一是制定"2+4"改革方案。2 个纲领性改革文件：在 2018 年 1 月出台的《江西省用能权有偿使用和交易制度试点实施方案》；在 2019 年 3 月出台的《江西省用能权有偿使用和交易管理暂行办法》。4 个配套实施细则：在 2019 年 4~7 月研究起草的《江西省用能权指标核算与报告通则》《江西省用能权有偿使用和交易第三方审核机构管理办法》《江西省用能权有偿使用和交易实施细则》《江西省用能权交易规则》。二是建立 2 个支撑平台。江西省分别依托江西省节能中心和江西省公共资源交易中心（江西省产权交易所），建设江西省用能权指标注册登记平台和交易平台。依托省市场监管局，在 2018 年 9 月开始能耗核查工作，完成 118 家能用权试点企业 2017~2019 年三年的能耗工作。确定水泥行业采用基准法、钢铁和陶瓷行业采用历史强度下降法的指标分配办法，形成《2020 年度重点能用单位能权指标分配及履约方案》。除此之外，在 2019 年 12 月举办江西省能用权有偿使用和交易及能源计量专题培训班，共 200 余人参加了培训。截至 2021 年底，江西省能用权交易累计成交 3 宗，交易量 36.08 万吨，创新开展跨市域能源消费指标交易，解决了高能耗项目能耗指标缺口问题，同时促进了江西省能源消费指标的有序流动和高效配置。

（五）完善水权交易机制

水权的所有权和使用权分配、转让是水资源管理的重要组成部分。它既影响着水资源的优化配置和高效利用，也直接关系到水资源的公平分配和生态环境的保护。因此，建立完善的水权交易机制，加强水资源管理和保护，对实现可持续发展和生态文明建设具有重要意义。推动水权交易有利于实现水资源节约利用，促进水资源管理，2020 年和 2021 年江西省委全面深化改革领导小组连续两年将水权交易列入省委全面深化改革委工作重点之一。主要体现在以下五个方面：一是加强组织领导。2021 年 8 月，召开水权水市场改革工作领导小组会议，全面推进水权水市场改革决策部署。二是加强部门联动。联合中国水权交易所、省发展和改革委员会、省产权交易所等部门赴九江、抚州、新余等地开展水权交易对象摸底调研。三是搭建水权交易平台。将水权作为必须进入公共资源交易平台的交易项目纳入《江西省公共资源交易目录（2020 年版）》，并在环境与能源综合交易平台设置水权交易业务板块。四是完成主要系统设计。2021 年 3 月，发布《江西省水权交易可行性论证技术导则（试行）》；截至 2022 年 4 月，我们正在积极推进《江西省取水许可区域有限审批管理办法（试行）》的出台。五是中央第五巡视组提前完成了对部门领导的"环境产权交易制度整改"任务的反馈。

截至 2022 年 4 月，20 宗水权项目已通过省公共资源交易平台挂牌，项目涉及 9 个设区市，累计成交项目 19 宗，交易量 1879 万方。江西省呈现长江流域领先、南方势头强劲的格局。对于通过省公共资源交易平台开展水权交易的县区，在提前下达的水利发展资金中每个给予 10 万元奖励资金。通过市场化和水权市场改革，探索了一条有效促进南方富水区水资源集约节约利用和水资源最严格管理的新途径。

第三节　健全江西生态产品价值实现保障机制

实现生态产品价值，需要政府和市场的双向发力，并通过完善生态产品的实现路径和相应的政策支持来提供必要保障。建立生态产品价值实现保障机制就是要利用利益导向、绿色金融等手段，建立政府、企业、社会组织、个人等多元主体参与生态产品价值实现的激励约束机制，从而确保价值实现有序高效推进。这一保障机制能够提供创新的绿色金融产品和推动多元化的投融资，同时为探索生态产品资产证券化路径模式提供融资担保服务，为价值实现提供有力的资金保障。同时建立生态产品的考核制度和生态产品价值核算结果的引用机制，以强化生态产品价值实现的激励约束。

一、强化绿色金融改革创新保障机制

由于各个地区的生态资源禀赋不同，经济发展水平差异，生态产品价值实现

也会有所差异，所以创新的金融产品也必然会有所差异，对此江西正积极开展绿色金融业体系创新，以满足各类绿色产品融资的需求。

（一）创新绿色信贷产品

绿色金融产品越来越丰富，但从规模上来看，仍以绿色信贷产品为主，占比超过90%。江西积极开发创新多元化的绿色金融产品体系，不断满足绿色低碳循环经济发展的各种融资需求。首先，强化省内林地资源、土地资源等生态产品的产权和能力，鼓励银行增加以土地经营权、林地经营权、河流经营权为抵押的生态信贷产品特色。其次，积极发挥金融支持绿色金融产业的政策作用，通过创新能效信贷方式，开展能效融资、碳排放权融资、排放权融资等信贷业务，推动特色信贷产品升级。截至2022年7月，江西省共有11家金融机构发放碳减排贷款49.66亿元，支持碳减排项目86个，带动碳减排约112万吨二氧化碳当量。最后，一方面，积极鼓励开展绿色信贷资产证券化等绿色信贷产品；另一方面，积极探索主要污染物排放权等融资模式创新，积极推进农村"三权"抵押贷款，大力发展绿色信贷。

鼓励银行机构创新绿色信贷产品和服务，例如，推出"畜禽清洁贷""农林快速贷""绿色住房贷"等绿色金融产品。这将有助于本省促进绿色经济发展并提高金融服务的质量。截至2021年9月底，江西省绿色贷款余额为3606.86亿元，增加了1022亿元，同比增长39.5%，高于省内信贷的平均增速25.7%。同时，省内共有14家绿色上市企业，36家新三板上市的绿色企业，绿色专项贷款余额达1764亿元，绿色金融债券发行150亿元①。

（二）开发绿色保险产品

加大在环境污染强制责任险、农业保险、林业碳汇保险等领域推出新产品，不断开发绿色保险产品种类，助力生态产品价值实现。首先，鼓励开展环境污染强制责任保险。在环境污染高风险地区依法执行环境污染强制责任保险（《江西日报》，2021），持续推进本省环境污染责任保险承保机构、参保企业和保险模式的全面放开。鼓励保险机构对企业开展"环境健康检查"，为加强环境风险监管提供支持。定期进行风险评估，有效理赔。2021年，江西省环境污染责任保险保费收入增长64.95%。其次，大力发展农业保险。推进农业保险"增、升级、

---

① https：//www.cenews.com.cn/news.html? aid=214115.

做大",加大农业直接补贴向保险间接补贴的转变力度,在江西省范围内复制推广建设项目绿色综合保险等绿色保险产品,增加种植险、水产险、林险品种。积极拓展油茶、中药材、大棚蔬菜等地方特色农业保险试点。2021年,在26个产粮大县开展全价水稻保险试点,开展3个省级特色品种农业保险试点,实施农业保险费补贴12.49亿元,江西省农业保险保费收入同比增长32.59%。

（三）积极开发绿色债券

积极开发绿色债券,以吸引更多投资者参与环保事业,促进环保事业的可持续发展。严格按照国家和行业相关标准,选取具有良好环保效益和可持续性的项目进行融资,并通过绿色债券发行筹集所需资金。这样不仅可以降低企业融资成本,还可以提高绿色项目的融资效率和流动性,为生态保护事业做出贡献。发行绿色债券可以使银行提供中长期贷款产品,引导符合条件的企业发行绿色债券,是江西省进一步拓展直接融资渠道和为实现生态产品价值的成功尝试。截至2022年7月,江西省累计发行各类贴标绿色债券363亿元,累计发行绿色私募可转债51.85亿元,支撑绿色发展成效显著。除此之外,江西还发放了CCER（国家核证自愿减排量）项目碳汇贷1000万元,办理了碳排放配额质押融资业务,实现融资500万元。

专栏：绿色债券

1. 赣江新区绿色市政债券

成功发行国内首只绿色市政债券,填补了国内绿色市政专项债券的空白。该债券得到联合赤道认证公司的认可,并被贴上绿色标签。项目整体收入通过"走廊运营收入＋广告收入＋政府补贴"的模式实现动态均衡。债券期限长达30年,票面利率较低,仅为4.11%。此次成功发行的债券充分体现了赣江新区"先行先试、绿色发展"的理念和优势,也具有深远的实践意义。

2. 吉安市投资公司发行绿色债券

在2020年,吉安市城投公司发行了16亿元绿色债券,为期7年,年利率为5.3%。这是该市首次发行绿色债券,规模也是同级别绿色企业中最大的。此外,该债券的票面利率也是同评级同期限绿色债券中最低的。在该债券资金中，10亿元用于吉安市中心城区水生态环境综合治理一期工程，6亿元用于补充流动资本。这个项目将显著改善中心城区的生态环境质量，提升区域形象，为人们创造了良好的生产和生活环境。

3. 寻乌县"绿业贷"

赣州银行寻乌县分行为寻乌县文峰乡涵水片区废弃矿山综合治理与生态修复工程发放了2亿元"绿业贷"，覆盖了水域保护、矿山治理、土地整治和植被恢复等多个方面。这一项目的资金来源于赣州银行总行发行的绿色金融债券，在2020年成功募集了15亿元，而江西省的绿色贷款余额为2586.6亿元，同比增长也达到26.85%。此外，江西省的绿色债券发行规模也达到了接近300亿元。目前，江西省共有14家上市绿色企业和36家在"新三板"挂牌的绿色企业。

（四）推动投融资多元化，提供融资担保服务

为支持生态产业的发展，鼓励区域性银行、证券等金融机构依托省级发展升级指导基金，江西省设立生态产品价值专项基金，为生态产业提供优质的综合金融服务。同时，协调生态领域转移支付，设立市场化产业发展基金，支持源头保护、矿山修复等生态产品价值实现项目，推进重点改革项目、示范试点项目和平台建设（《江西日报》，2021）。此外，还致力于引入社会资本，参与生态产品价值的实现，在PPP项目中，积极探索利用市场化方法促进矿山生态恢复。在此基础上，推动设立碳中和基金，引导更多社会资金支持碳中和行动。另外，抚州市还活化利用丰富的古村古建资源，支持金融机构创新"古村落金融贷"。截至2021年底，以金溪县、乐安县、南城县和临川区为主的辖内各县区各家银行积极主动参与，集中信贷资源发放古村落金融贷23.6亿元。

为支持省内小微企业和"三农"主题发展，我们计划设立省级绿色金融机构，并由省政府出资组建政策性的融资担保机构，以为企业提供融资担保和再担保服务。截至2021年，江西省入库项目总投资额已超过1.2万亿元，而抚州233个绿色项目融资总需求也已达到了545.7亿元。江西省融资担保集团注册资本达到50亿元，是江西省规模最大和信用等级最高的省级政府融资担保机构。2022年6月2日，江西融资担保集团有限责任公司被授予AAA主体信用评级，借此优势，集团聚焦服务省内企业，为中小微企业提供全方位融资服务，降低企业融

资成本，通过机制体系、业务模式和数字担保等方面的创新，为江西省政府性融资担保体系打好基础。2022年第一季度，江西省融资担保集团向国家融资担保基金备案再担保业务330亿元，集团担保融资余额（规模）为906.78亿元，同比增长了134.47%，这为江西省担保业务实现强劲开局做出了积极贡献，为稳定全省经济大局做出了贡献。

（五）探索生态产品资产证券化路径模式

近年来，江西省生态产品的市场需求逐渐增加，但是生态产品在推广和市场化方面还存在一定的困难。虽然生态资源很丰富，但是由于生态产业链条不完整、缺乏资本的支持，使生态产品在市场中的份额相对较小。因此，生态产品的资产证券化是扩大市场份额、不断提高生态产业效益的一个有效途径。即江西省将生态产品的资产转化为资产证券，通过证券市场实现产品的融资与流通，在证券化后的流通过程中，江西省生态产品的市场份额将得到扩大，从而推动整个江西省生态产品生态产业的发展。

通过结构化设计，将自然资源证券化，以未来资源产生的现金流为支撑，发行资产，将资源优势转化为资金优势，提高资源的流动性和可交易性。支持优质生态农产品供给、生态文化创意产业发展企业发行绿色债券，推动省内旅游资源与银行消费金融产品整合，探索开发生态旅游专项金融产品。鼓励生态农林牧渔业、生态环境改善和其他能够形成稳定现金流的行业企业发行资产支持债券，以此为基础促进气候债券的发行，争取发行全国首支气候债券，进一步推动区域绿色金融发展。同时我们可以探索江西省生态产品资产证券化路径模式，将部分优秀的生态产品转化成资产，通过证券化发行债券、股票等各种金融工具，吸引更多资金投入到生态产业，为生态保护事业提供有力的资金保障。通过建立专业机构，对生态产品进行评估、认证和可靠统计。通过加强监管，确保证券化产品的合规合法性及投资者权益，增强市场信心和健康发展。

首先，构建生态产品证券化的制度体系。政府应该加大对生态产品证券化的支持力度，建立完善的管理制度，引导金融机构参与生态产品资产证券化。其次，加强生态产品证券化的信息披露。在生态产品证券化过程中，各方应该充分开展信息披露，以争取投资者对于这一领域的信任。

蓝天、绿水、青山将转化为资产、资本、资金，而生态产品的资产证券化是最佳路径，可以快速打通"两座山"双向转化通道。江西省生态产品资产证券化的发展，有望推动整个生态产业的蓬勃发展，使生态产业真正成为经济发展的新动力。

二、强化生态产品价值实现约束机制

建立生态产品考核制度可以鼓励在保护生态环境的前提下，开发贡献更大、质量更高的生态产品，提高整个生态系统的价值。此外，建立生态环境保护利益导向机制也是非常重要的，它可以让利益与环境保护相结合，让保护环境成为推动生态产品发展的重要动力。这种机制可以通过社会主体和政府引导，来让生态系统的参与者保护环境、共同致力于生态系统的持续良性发展。

（一）建立生态产品考核制度

我们将生态产品总价值及其变化、生态产品价值变现率纳入高质量发展综合评价指标体系，以此激励企业更好地实现生态价值的最大化。同时，我们也认识到政府在解决生态问题方面需要引导企业在保护生态环境的同时实现经济效益和社会效益的双赢。未来应采取以下三项措施：一是建立生态产品价值核算结果作为目标考核体系，完善目标分解、监督检查等配套制度，建立健全工作实施体制机制，提高各级政府综合绩效考核结果的科学性、真实性和公信力。二是将生态产品质与量的综合性指标纳入江西省高质量发展的综合性指标。三是重点考核生态产品供给能力、生态保护成效等指标，打通"绿水青山"向"金山银山"转化的通道，将生态优势转化为发展优势。

（二）建立生态环境保护利益导向机制

建立生态环境保护利益导向机制，是引导社会主体参与生态环境保护修复的重要举措，要将生态产品价值实现落实到现实利益中，将生态价值转化为货币价值，让社会主体直观感受到生态产品价值的真正"变现"，从而有效凝聚各方推动生态产品价值实现机制的共识。为了推动生态产品的发展和真正意义上的价值实现，会根据对生态环境保护的贡献，通过技术研发和创意合作，帮助促进生态产品的发展。为了实现这个目标，使用一种特殊的技术，通过为生态产品分配积分，提供差异化的优惠服务和金融服务。同时，会积极引导地方政府建立多元化的投资机制，以便更好地鼓励社会组织设立生态公益基金，共同推动生态产品的发展。此外，在遵守有关法律法规的基础上，探索和规范生态产品的可持续经营和发展的土地供应。制定相关政策和措施，鼓励企业探索和创新生态经济模式，加大对生态产品开发和利用、推广应用、生产加工等环节的支持，创造更多的经济和就业机会，促进生态环境的改善和修复，实现经济和环境的双赢。

1. 建立生态积分体系

生态积分制是完善信用体系的重要制度安排，可以激励社会主体更加积极投身于生态环境保护行动中，江西省根据实际情况，进一步完善生态积分制相关政策和措施。给予不同的生态行为积分，并根据积分提供相应的优惠服务和金融服务，通过识别良好的生态行为和惩罚不良的生态行为，促进生态环境的整体改善。同时，还将依托"赣政通"，制定环保信用评价管理办法，对社会组织、企业和个人生态信用进行评分评级，并实施动态管理，为生态产品提供优惠服务和金融服务。生态积分制的实施将有助于激发社会主体热情，推动生态经济的健康发展，促进生态文明建设，为江西省的高质量发展注入强大的动力。

2. 规范用地供给

土地是推动生态产品价值实现的关键辅助要素，探索规范用地供给对于保障生态产品价值实现具有重要作用。对必要的物质供给类生态产品精深加工、调节服务类生态产品环境敏感性产业、文化服务类生态产品修复加固改造等经营开发业态，因地制宜地合理配置一定比例小规模的建设用地资源。在合理配置当地用地资源的前提下，强调保证生态环境保护，符合相关法律法规和严守"三条控制线"，对土地的利用必须要在生态扰动最小化的前提下进行。同时，将探索规范用地供给方式，为生态产品价值实现提供更加可持续健康的推进方式，使生态经济和生态文明建设能够更好地持续发展。

第四节 本章主要观点

本章从三个方面提出了实现江西生态产品价值的重点任务。首先，建立生态产品价值精算评估体系是确保生态产品价值实现正确性和科学性的重要手段。在摸清江西生态家底的基础上，通过权威机构对精算结果进行评估，将精算结果应用到政府和市场层面，提高生态产品的市场和社会价值，进一步推动生态经济发展。其次，建立健全江西生态产品市场交易体系是实现生态产品市场化运作和精准对接的重要保障。通过打造生态产品交易平台，推进生态产品精准对接，同时运用碳交易、排污权、应能权、水权等机制，促进生态产品价值的实现。最后，健全生态产品价值实现保障机制需要重视绿色金融改革创新支持保障和强化生态产品价值实现的激励约束机制。通过对绿色金融的创新和支持，提供给生态产品市场更多的融资渠道和资金支持；同时建立激励约束机制，促使企业和个人在生态产品开发过程中更加重视环境保护，实现生态产品价值可持续增长的目标。

第五章 "双碳"背景下江西生态产品价值实现的多元路径

本章通过对江西生态产品价值实现路径进行分析，从生态产业化、产业生态化、拓展生态产品保护补偿路径进行分析，实现生态产品价值实现的多元路径。因此，江西生态产品的价值实现路径只有在多元化的支撑下，才能更好地推进生态产品的开发和利用，并为江西实现双碳目标做出重要贡献。

第一节 多维并进，拓宽产业化利用路径

为了实现绿色发展，需要进行经济结构和能源结构的调整，优化国家发展布局。在产业方面，应推进产业转型升级，加速发展生态产业，实现绿色产业与经济发展的良性循环；在生态方面，应加强环境保护，推动生态修复，共同构建良好的生态环境。实现产业的生态转型和生态的产业化，将有助于推动绿色经济的发展，实现"绿水青山与金山银山"的双向转化。

一、开启生态产业化"加速度"

坚持"绿水青山就是金山银山"理念，加快推动"两山"双向转化，为经济社会发展注入绿色新动能。

（1）生态产业质量不断提升。江西省在生态产业方面实施"1+9"农业结构调整和绿色生态农业十大行动（张和平，2020），这对于提升生态产业的质

量具有重要意义。同时，建成291个现代农业示范园区和2888个绿色有机农产品，为推进绿色农业发展起到了积极的促进作用，林业经济总产值超过1700亿元，这表明江西省在发展生态产业方面，积极推动绿色发展、提升生态产业质量。

（2）优势产业快速发展。一方面，进一步实施创新驱动发展战略。截至2020年4月，江西省拥有5000多家高新技术企业，研发投入占全社会GDP比重预计将达到1.6%，专利申请量已达到9.1万件。江西省正在实施高质量产业跨越式发展"2+6+N"行动计划（刘朝霞，2020），大力推进"干工程年"活动。在此过程中，航空、中医药等优势产业营收实现两位数增长，为促进江西经济的发展提供了强有力的支撑。另一方面，江西省正在大力发展数字经济，出台了"十四五"数字经济发展规划。此外，江西省还实施"一号发展工程"，进一步挖掘数字经济的潜力，加快数字化转型和创新发展。持续推进"2+6+N"产业高质量跨越式发展（张和平，2023），继续实施产业链长度体系。深入推进绿色有机农产品试点省建设，实施"赣鄱正品"品牌创建三年行动，持续推进"江西绿色生态"品牌建设，绿色有机地理标志农产品达5039个，全国唯一的国家中药先进制造与现代中药产业创新中心落户江西（张和平，2023）。

（3）传统产业改造加快。继续推进传统产业改造，截至2020年4月，工业技术改造投资增长36.3%，淘汰煤炭落后产能183万吨（江西省生态文明建设领导小组办公室、江西省发展和改革委员会，2020）。加快发展绿色循环经济，制定180项地方生态文明标准，建成7个国家级绿色园区、33家绿色工厂，推进6个国家资源综合利用基地建设。可再生能源装机容量达到1541万千瓦，单位国内生产总值能耗和用水量分别下降4%和5.2%（刘朝霞，2020）。

（4）提升现代服务业水平。通过深化绿色金融改革创新，加快推进赣州、吉安等普惠金融改革试验区建设。在此过程中，截至2020年4月，赣江新区发行全国首单绿色市政债券，规模达12.5亿元，江西省绿色信贷余额已达到2241.6亿元（刘朝霞，2020），为推进生态产业的发展提供了有力支持。江西省同时还在大力发展生态旅游、森林康复、老年保健等产业，通过开发生态旅游资源和不断创新康复和养老模式，助力现代服务业的发展。在这个过程中，截至2020年4月，江西省的生态旅游游客总数和总收入分别增长了15.65%和18.55%，显示出生态产业在发展现代服务中的重要支撑作用。可以看出，江西省正在通过加强绿色金融创新以及大力发展生态产业和现代服务业，进一步优化其产业结构，推动经济社会的高质量发展。

二、提升产业生态化"新活力"

产业转型升级，从传统的资源密集型和污染型产业向生态、文化、艺术和旅游等方向发展，是多数地区的必由之路。尤其是在现代消费者的推动下，对于健康的环境和生产的追求，将促进生态产品的市场需求。在推动生态产品价值实现方面，可以通过实行相关产业发展政策、平台建设、标准管控等措施，优化生态产品的生产过程、解决销售渠道难问题。同时，还可以推动高科技与生态产业融合，创新生产模式与技术应用，加强品牌创建和宣传推广，增强消费者信心和品牌认可度。特别是在生态文化旅游领域，可以整合资源，重塑生态文化旅游品牌，通过提供多元化、个性化、深度化的旅游体验，使生态文化旅游真正成为引领高质量旅游的标志性产业。同时，在发展优质生态农业方面，聚焦特色农业产业和区域生态优势，选取典型样板、示范片区和行业领军企业，创建优质生态产品品牌，打造特色农业品牌，推动农业产业进一步向有机、绿色、环保、高附加值转型。综上所述，让生态产业在产生经济效益的同时，实现环境的可持续发展，擦亮生态农文旅名片。

（一）发展生态文化旅游

江西省依托丰富的自然生态旅游资源，实施"生态+文旅"，将自然资源优势向经济社会发展转变，走出一条人与自然更加和谐的道路。首先，加强生态旅游与环境保护关系。良好的生态环境是实现生态文旅的前提，只有在保证生态环境质量的前提下，才能进行科学合理的发展。其次，加强生态旅游与红色旅游的关系。在江西省的许多景区如井冈山、南昌、萍乡等地，有许多美丽的自然风光，也有许多中国共产党和红军的革命历史遗迹，共同描绘了一幅"绿+红"一体化的景观。最后，加快构建生态旅游与文化旅游关系。江西省拥有约 1000 所书院，如庐山的白鹿洞书院和吉安市青原山的阳明书院等。江西省提倡加快构建"绿色旅游"与"文化旅游"的耦合机制，以最大限度地发挥聚集效应，释放资源红利和生态红利，进一步推动文化旅游产业发展。

（二）发展优质生态农业

发展江西生态优质农业是为了推进农业现代化转型和提高农业品质，使农业产业得到更好的发展，实现农村的全面振兴和经济社会的可持续发展。2021 年，江西与粤港澳大湾区建立了农产品检测结果互认制度，净增绿色、有机农产品931 个，建立国家绿色食品原料标准化的生产基地 49 个，居全国第 6 位；全力推动江西现代林业产业示范省建设，全省已经形成若干家具、香料香精、竹、油茶和苗木花卉产业集群。

1. 质量兴农，农产品"生态化"

江西省致力于提高农业质量，实现农产品"生态化"。为此，江西积极推进高效农业和高质量农业的发展，从而让江西农产品成为"质量安全"的品牌。

（1）大力提升粮食种植品质。江西启动了"良田良种良法技改"工程，旨在逐步减少低质低效粮食种植面积，推动粮食生产由数量向质量效益转变。本项目的重点是提高优质水稻、富硒功能水稻、有机水稻等优质品种的生产比例，2018 年 12 月达到覆盖率超过 96% 的目标[①]。

（2）建立规范的绿色农产品溯源平台。采用"政府引导+市场化"模式，按照"源头溯源、信息查询、责任问责"的基本要求，建设"从田间、牧场、水源到餐桌"的农产品质量安全追溯体系，从源头保障农产品质量安全。为了确保农产品生产安全和质量，江西省采取一系列措施，其中最重要的措施之一是建立农产品溯源平台。这个平台结合大数据和 LBS 地理信息等技术，实现农产品基地生产信息的全程溯源，确保产品的来源安全可追溯。在农产品加工和流通领域，江西省也加强了监管。通过全方位的农产品残留检测，打造属于江西的农产品品牌，为消费者提供高质量安全的产品。通过引入最先进的理念和技术以支持未来的食品安全，江西的农产品也为江西省经济发展注入了新动力。

2. 产业兴农，生态农业循环体系

通过打造"三区"产业布局和"双创"工作机制，大力发展优质农产品，壮大农业产业。推进生态农业循环体系的建设，实现了废弃农田的再生利用，打造了优质品种链、高效生产链、优质产品链和资源循环链，形成了一种"以生态循环为基础，农业科技为支撑，生态旅游、文化体验为特色"的生态经济体系。

（1）江西省积极探索区域生态循环农业模式，并积极开展废弃物资源化利

---

① http：//www.jiangxi.gov.cn/art/2019/6/17/art_4990_699852.html.

用和循环利用模式研究。江西省在农业领域探索并推广循环农业、低碳农业、绿色农业新模式，同时规范化畜禽养殖废弃物的处理和资源利用模式。江西省积极推进"生态保护+产业发展"绿色生态技术模式，取得了显著的成果。截至2021年9月，江西省的稻渔综合种植面积已经达到了50万亩，亩均增效超过1000元，这一举措带动了农民的收入增长，约达5亿元。

（2）江西省正全面推进绿色食品产业链的打通和成长，目的是促进农业可持续发展和壮大产业。2021年上半年，江西省省级以上龙头企业963家，其中国家重点龙头企业69家，规模以上龙头企业销售收入3358亿元，同比增长25.7%，两年平均增速为6.5%（游静、喻嘉琪、黄晨，2021）。2021年上半年，农林牧渔业总产值1351.2亿元，同比增长10.7%。2021年以来，设施蔬菜新增14.8万亩、总面积超100万亩；牛、羊、家禽出栏数量分别增长5.5%、6%、4.7%[①]。

（三）发展高质量绿色工业

环境敏感产业是指对生态产品生产环境要求相对苛刻的产业，如需要低粉尘的空气、洁净的水源、适宜的气候等。打造以环境敏感型产业为牵引的新的经济发展模式，培育和壮大新的经济增长点，从而获得绿色新生的"金山银山"，深化"腾笼换鸟"，优化产业结构调整，进一步推动生态环境优势转化为产业发展优势。

首先，战略性新兴产业再创佳绩。一方面，江西省高度重视战略性新兴产业发展，坚持企业主动、政府推动、创新驱动、政策推动，聚焦重点、集中力量。2017年1~9月，江西省战略性新兴产业增加值916.2亿元，同比增长11.7%，高出全省工业2.6%，占工业的15.5%，比2016年全年提高0.5%；高新技术产业增加值1865.6亿元，增长11.1%，占规上工业的31.3%，同比提高2.2%；装备制造业增加值1471.8亿元，增长13.7%。另一方面，通过制度政策的支撑，江西省第二条国产大飞机总装线和试飞基地落户南昌，大大加快了航空产业的发展，努力解决通用机场和服务配套设施不完善、航空运营项目类型单一等制约产业发展的问题。

其次，智慧工业推进绿色工业低碳循环发展。以供给侧结构性改革为发展

---

① http://epaper.jxxw.com.cn/html/2021-07/25/content_5404_4793529.htm.

主线，以实施高质量跨越式发展为首要战略，依托 5G、工业互联网等新型基础设施支撑，提高制造业数字化、智能化发展水平，加快制造业生产模式和企业形式改革步伐，实现从"江西制造"向"江西智造"的转变。加快智慧工业进程及提高其集约化水平。省委、省政府不断加强智慧工业园区建设，打造江西省智慧工业园区管理信息化平台，切实提高园区服务产业发展水平。2018年，江西省通过推广智能设备，建成了 749 个数字车间和智能工厂，共应用了10572 台智能设备。这一举措有力地推动和加快了 VR 产业的培育和发展，大数据、人工智能等新经济、新产业、新业态、新模式在江西智能制造的发展中也取得了显著的成效。"江西智能制造"呈现了百花齐放的趋势，各种智能设备的应用模式层出不穷，带来的社会效益和经济效益十分显著。江西通过推进智能制造和应用各种新技术，有效提高了制造业的生产效率和产品质量，推动了江西省的工业转型和产业升级，为全面建设制造强省做出了重要的贡献。

专栏：抚州中医药产业振兴发展

具体做法有以下三个：

（1）市科技局发挥"建昌帮""盱江医学"中医中药优势，积极开展中西医结合防治疫情的科学研究，向省科技厅争取："建昌一号"对新冠肺炎治疗的临床研究获批省新冠肺炎防治应急项目立项，获 10 万元项目资金支持。

（2）市科技局下达"'建昌一号'对新冠肺炎治疗的临床研究""基于盱江医学派理论挖掘中医药防治瘟疫技术方法和秘方验方"2 个市级中医药防疫应急项目，支持 60 万元项目经费。

（3）市科技局组织科技特派员指导企业、专业合作社、农户开展中药材种植，帮助解决影响中药材生长病害等问题。临川区组织科技局特派员深入中药材种植现场进行技术指导，帮助农业企业、合作社及时完成 198 亩的社仲、352 亩的鹅掌楸以及 365 亩的湿地松等中药材栽植。

（四）提升区域公共品牌

打造生态产品区域公用品牌，就是要借助政府信用或社会公益组织信用作为公信力背书，联合区域内各类合格的生态产品管理开发实体，共同发展，打造具有鲜明特色的生态产品区域公共品牌，注重品牌培育和产品标准化建设，不断提高产品附加值和溢价价值。

（1）打造区域公用品牌。制定农产品公共品牌战略规划，全面规划品牌名称、定位、概念、符号体系、渠道建设和沟通策略。建立区域公共品牌质量标准体系，制定质量认证管理措施，提高区域公共品牌认证权威；成立了生态农业协会，旨在建立一个覆盖所有地区、行业和类别的公共农业品牌，为农业提供完整的体系。江西省还建立了产品和企业数据信息系统，并加强质量控制和授权管理，形成企业信用体系和区域公共品牌进出机制。采用"母子品牌"经营模式，江西省加快整合了优质品牌，培育一批品牌示范企业，并形成了产业集群。这一举措有利于提高江西农产品的质量和竞争力，并促进了农业的可持续发展。这也能够带动江西省农业经济的发展，推进区域发展，并吸引更多的社会投资。

（2）加强地理标志产品。江西省在推广知名区域地理标志产品过程中，采用"龙头企业+合作社+基地+农民"模式，特别是对生态有机养殖模式进行了标准化，并建立了完善的产销全过程可追溯体系和第三方质量认证体系，以此提高和保证产品的质量。为了增加产值，江西省大力引进农产品龙头企业，开发了高附加值的营养医药系列产品，提升产品品牌效益。

第二节 纵横结合，创新价值化补偿机制

根据生态产品的质量和价值，通过垂直转移支付、水平转移支付和生态环境损害补偿，实现优质生态产品的可持续多元化供应。江西省在创新森林生态效益补偿制度、推进生态保护补偿制度化等试点任务上进行了有益探索。江西省全面实施省内和跨省流域横向生态补偿，持续推进完善合理的流域生态补偿机制，切实提高江西全域水质，保障长江中下游水生态安全，不断促进生态保护。江西省

的生态补偿机制也为其他区域提供了多样化的参考，探索出了资源富集地区、欠发达地区生态产品价值实现地方经验。

一、完善生态产品保护补偿制度

建立健全生态保护补偿制度，强化空气、水等自然资源防治制度，加快土地空间开发保护制度，建立能够反映市场供需和资源稀缺性、体现生态产品价值的自愿有偿使用制度和生态补偿制度。江西省通过以政府为首进行多方筹资、创新并完善资金合理分配方法、强化监管力度，探索多元化补偿模式。

（一）深入推进纵向生态保护补偿

江西省拥有"生态屏障"和"鱼米之乡"的美称，是长江中下游和珠江流域的重要水源地，在江西省开展生态综合补偿机制的试点工作对于其他地区具有借鉴意义，有利于维护国家生态安全和加快建设美丽中国进程。自试点地区实施两年以来，主要围绕工作机制、制度创新、平台创设、项目实施等方面，对水资源、湿地、森林等环境要素进行重点工作，加快推进合理有效的生态保护和治理长效机制，保障生态资源的可持续性，促进生态优势转化为发展优势，努力实现试点地区"生态保护补偿工作制度化"。

1. 完善重点生态功能区转移支付资金分配制度

重点生态功能区具有一定的生态功能，例如，防沙固土、水源保护、维护生物多样性，能够影响较大范围甚至是全国的生态区域安全性，是一个重要的生态保护屏障。由于各个生态功能区所展示出来的特征，例如，类型、地理位置等不同，使现有的补偿制度并不能准确反映出区域内生态产品提供产品的质量、数量，并不能体现出各个生态功能区的差异，因此需要完善重点生态功能区转移支付资金分配制度，提高重点生态功能区生态保护积极性和基本公共能力保障水平。江西省按照政策引导、分类处理、公平公开、循序渐进的资金分配四项原则，统筹考虑当地社会经济、生态环境、财政困难等因素，根据各重点生态功能区的功能和作用，对转移支付资金进行整体调整。选取相关指标，建立标准化分配方法、计算公式进行分配。

专栏：江西省重点生态功能区转移支付办法

转移支付支持范围包括以下四个：

（1）重点生态县域。限制开发的国家重点生态功能区所属县（市、区）。

（2）国家级禁止开发区域。包括国家自然保护区、国家森林公园、世界自然遗产、国家级风景名胜区、国家地质公园等所在市、县（区），并根据国家公布的国家级禁止开发区名单动态更新。

（3）生态文明示范工程、国家公园体制等试点示范地区和重大生态工程建设地区。

（4）国家及江西省确定的其他生态功能重要区域。包括：长江经济带、《全国生态功能区划》中明确的鄱阳湖区湿地洪水调蓄重要区所在县（市、区）。

转移支付资金具体计算公式为：

某地转移支付应补助额=重点生态县域补助+长江经济带补助+鄱阳湖区湿地洪水调蓄重要区补助+禁止开发区补助+生态文明示范工程试点等补助±绩效考核奖惩资金

重点生态县域补助具体计算公式为：

某县（市、区）重点生态县域补助=重点生态县域补助总量×［该县（市、区）常驻人口占全省重点生态县域常住人口总量的比重×权重+该县（市、区）森林覆盖率占全省重点生态县域森林覆盖率总和的比重×权重］[①]

2. 鼓励政府统筹利用各类生态领域转移支付资金

鼓励省级财政和地方政府在生态领域转移支付资金，依照法律、法规的规定设立产业发展基金，由政府和社会资本共同出资，按照利益共享、风险共担原则，吸引社会资本投资生态环境重点领域和薄弱环节，支持建设以系统保护和修复生态环境为基础的生态产品价值实现项目，提高各类生态领域转移资金的使用率，以低投入撬动高发展。江西省针对森林、草地、滩涂等重点区域，实施一系列生态补偿政策，创新森林生态效益补偿制度，推进生态保护补偿制度化，有益

---

① http://jxf.jiangxi.gov.cn/art/2021/8/12/art_39218_3529040.html.

探索。铜鼓县通过探索南方珍稀树种红豆杉的认种认养模式，解决了在名树等公益保护上的资金短缺问题。婺源创新非公有森林赎买和禁止砍伐补贴、协议封育试点，探索生态公益林生态效益优质优价原则，实行分区分类补偿。2016~2019年，铜鼓累计争取到流域生态补偿资金1.4353亿元，其中2016年4244万元、2017年5353万元、2018年5154万元、2019年4559万元，年均4828万元。井冈山完成退化林修复2.5万亩，新增造林5011亩，封山育林5000亩，国储林基地建设5644亩，森林"四化"建设859亩，森林抚育5.5万亩，精心打造了柏露乡长富桥村、茨坪白银湖村2个森林乡村示范点和茅坪神山村乡村森林公园。下发了天然林商业性禁伐补助1547万元，征收森林植被恢复费272.3779万元。加大湿地保护力度，开展了"打击破坏湿地的专项整治行动"，确保湿地面积不少于1115.37公顷。

3. 拓宽生态保护资金渠道

近年来，中共中央通过扩大生态保护补偿财政转移支付范围（丁习文，2022），逐步建立起生态保护补偿财政支付制度，对重点生态功能区生态环境保护和生产生活条件改善发挥了十分重要的作用（冯俊、崔益斌，2022）。但同时也面临资金来源单一、规模不够突出等问题，需要进一步创新工作举措，拓宽生态保护补偿资金渠道。充分发挥财政资金的撬动作用，引导社会资本、金融资本积极参与生态补偿，加快构建政府引导、企业主体、多方参与的多元化机制。

（1）鼓励金融资本和社会资本参与。创新推广林权直接抵押贷款、"信用+林权"贷款、公益林补偿收益权质押贷款、林农小额循环贷款等林业金融产品。大力推广"财园信贷通""财政惠农信贷通"，聚焦"生态+大健康"产业、有机农业等，探索运用短期融资券、中期票据、定向债务融资工具，积极推进绿色债券发行工作，促进绿色中小企业发行绿色中小企业集合债券。支持政府与社会资本在生态保护补偿领域的合作（PPP）项目。

（2）发行企业生态债券。生态环境保护修复是一项需要长期投入大量资金的工程。从事这项工作的相关市场主体面临着巨大的资金压力，所以需要鼓励通过发行企业生态债券的形式，拓宽资金来源，平衡资金周期，推动生态产品价值实现，加速生态环境的保护和修复工作。为了发行生态债券，企业需要符合相关要求，例如，具有一定的资产规模，信用良好，累计债券余额不超过企业债券监管红线,可分配利润足够支付企业生态债券的利息。生态债券的发行将夯实生态环境的保护和修复工作的长期资金保障,推动生态产业的快速发展和可持续发展。

铜鼓县在积极争取上级生态转移支付资金的同时,采取有效措施引导社会资本和金融资本参与生态保护补偿。从财政资金来看,2016~2019年,江西省共下达铜鼓生态转移支付资金38122.19万元,年均9530.55万元。其中,2019年下达10048.97万元,包含国家重点生态功能区转移支付3456万元、流域生态补偿资金3503万元、森林生态保护及修复1343.21万元、水环境综合治理1000万元和生态文明建设资金746.76万元①。从社会资本来看,铜鼓通过鼓励社会资本参与生态环境保护和基础设施建设,并推动其运营,实现生态保护资金来源多元化。从金融资本来看(见表5-1),累计发放农村承包土地的经营权抵押贷款2.76亿元,林权抵押贷款3.2亿元,林地流转交易金额累计4.5亿元,抵押面积35万亩。到2022年,力争生态补偿资金中引入的社会资本达到3亿元以上;累计发放农村承包土地经营权抵押贷款5亿元,林权抵押贷款6亿元;广义绿色信贷规模达到10亿元,绿色直接融资规模突破8亿元,绿色产业引导基金规模达到5亿元②(见表5-1)。

表5-1 铜鼓县国家生态综合补偿试点主要目标　　　　单位:亿元

指标类型	指标名称	2019年	2022年	指标属性
生态补偿资金来源	生态补偿中引入的社会资本		3	预期性
	累计发放农村承包土地经营权抵押贷款	2.76	5	预期性
	累计发放林权抵押贷款	3.2	6	预期性
	广义绿色信贷规模		10	预期性
	绿色直接融资规模		8	预期性
	绿色产业引导基金规模		5	预期性

4. 对主要提供生态产品地区的居民实施生态补偿

生态产品价值实现的根本目的是让提供生态产品地区的居民享受基本相当的生

① 资料来源于《铜鼓县生态综合补偿试点工作情况汇报》。
② 资料来源于《江西省宜春市铜鼓县国家生态综合补偿试点实施方案》。

活水平，实现共同富裕，努力将生态优势转化为经济发展内生动力，让躺在大山中的"生态宝贝"变贫困户口袋中的"金宝贝"，共享生态文明建设成果。

（1）向生态产品供给地区直接提供补偿。政府对生态产品供给地区的居民实行直接生态保护补偿，补偿主体是政府，受偿主体是居民，从根本上保证了生态产品供给地区居民在纵向生态保护补偿中的利益。例如，江西省宜春市铜鼓县，加快建立公益林分级补偿机制、商品林哺育公益林机制等，完善公益林及天然林停伐保护补偿范围和标准，并对自然湿地和人工湿地、集中式饮用水水源保护区等进行补偿。

（2）提供生态公益岗位。生态公益岗位是专门从事生态环境保护修复工作的岗位，特别是重点生态功能区，生态环境保护修复的责任重大、任务更重。目前，公益岗位包括生态护林员、环保志愿者、生态保护补偿脱贫岗位。生态护林员是从建档立卡贫困人口中选聘的，是生态扶贫的一项重要政策。环保志愿者是指自愿无偿参与生态环境保护的群体，通过宣传绿色文化、消减环境污染，为治理环境做出贡献。生态保护补偿脱贫岗位有林业生态保护、草原生态保护等方面，引导相关人员通过自身劳动获得增收，实现绿色脱贫。2018年，江西省安排建档立卡、贫困人口和生态护林员达到14000人，并下达1.4亿元的中央专项资金。按照人均1万元计算，这一资金可用于改善14000个家庭，涉及近6万贫困人口的生计问题。

专栏：上犹公益岗位增收

上犹县为让生态资源优势转化经济优势，坚持保护与脱贫相结合，不断创新利益联结，积极建立岗位服务、产业奖补、项目链接、生态移民机制，通过实实在在的惠民项目，让贫困群众感受到生态红利。

实现公益岗位稳增收。建立了建档立卡贫困户护林员队伍，建档立卡贫困人口生态护林员人数逐年递增，由2016年的131名增至2020年的396名。有效地将贫困人口就近安排护林，推动贫困人口脱贫。在村一级设立各类生态扶贫就业专岗，实现生态文明建设触角向村组延伸。

（二）积极探索横向生态保护补偿

横向生态保护补偿主要是为了调节非行政属地之间的生态环境利益。河流作为一种动态资源，跨越不同的区域，在不同的区域有不同的领导和管辖。跨境生态环境保护事务的权责往往不明确，不同地区在环境意识、监测能力和经济水平等方面存在显著差异。横向生态保护补偿机制是政府间从生态产品受益区向供给区实施的发展利益补偿制度，是优化区域间利益分配的重要手段，也是中国生态保护补偿机制进一步探索的难题。深化完善横向生态补偿制度有利于推动建立跨地市、跨乡镇、跨村落的生态补偿机制。

1. 江西省流域生态补偿机制

为进一步完善江西省上下游水平生态保护补偿机制，结合实际上下游水平生态保护补偿，考虑上下游补偿的主要责任和权益，鼓励实施流域生态补偿的主要责任，省79个县（市、区）正式签署上下游水平生态保护补偿协议79份，70%以上的长江流域相关市（县）建立了横向生态补偿机制。江西省财政按照"早建早补、早建多补"的原则，每年奖励补偿400万~600万元。2018年底，江西省财政安排省级激励补贴资金3.25亿元，对江西省52个县（市、区）实施激励补贴。2019年11月，已获补贴资金的县（市、区）已完成横向生态补偿机制建设。①

专栏：鄱阳湖流域全覆盖生态补偿机制

按照"江西模式"建设美丽中国的目标和要求，按照"共同保护长江经济带"的要求，在平衡上下游补偿主体的权责、完善配额补偿的实施方式、全面开展和加强环境监管等方面，坚定不移地扎实推进流域生态补偿全覆盖。

1. 主要做法

（1）政府主导多元化融资。通过中央财政、省级财政安排、各方面资金整合、市县财政、社会和市场融资等有机结合，探索多种渠道筹集生态补偿资

---

① 陈化先. 江西79个县（市、区）建立横向生态保护补偿机制［B/OL］. 江西省人民政府网站，https：//www. jiangxi. gov. cn/art/2019/11/27/art_393_837554. html.

金，包括流域生态补偿与绿色发展、国家生态试验区建设、苏南地区振兴发展等。

（2）创新资金配置方式。在资金配置时，需要考虑到流域上下游不同地区的效益程度、责任保护、经济发展情况等因素，并向重点生态功能区倾斜。此外，还需要根据生态质量评价结果、水环境质量（权重70%）、森林生态质量（权重20%）和水资源管理（权重10%）来确定资金投入的重点方向，采用统一因子法和补偿系数计算"五江一湖"、东江源保护区和主体功能区的补偿系数，并进行分配。

2. 取得成效

通过加快推进鄱阳湖流域生态补偿机制，鄱阳湖流域生态治理已取得明显成效，基本形成了上下游协同治理的工作格局，同时也形成了全流域生态环境保护与修复体系。

（1）建立了流域横向生态机制。为进一步完善江西省上下游横向生态保护补偿机制，推进国家生态文明试验区（江西）建设，结合全省实际落实上下游横向生态保护补偿，兼顾上下游补偿主体的责任和权利，鼓励流域生态补偿主体责任落实。江西省安排11.4亿元，在各县（市、区）建立生态保护横向补偿机制，实行激励性补贴。截至2020年底，江西省已与90个流域签订横向生态保护补偿协议，80%以上县（市、区）已建立了横向生态保护补偿机制，基本形成了上下游协同治理的工作格局。为了进一步推动生态保护工作，江西省政府已经正式签订了直接进入鄱阳湖或长江的县（市、区）与上游县（市、区）的横向生态保护补偿协议，并建立了实施上下游横向生态保护补偿机制。根据协议要求，每年将会奖励500万元。为了进一步推进生态保护工作，除了省级补偿资金外，江西省各县在协议期内每年还将向流域上下游投入横向生态补偿资金3亿元以上，切实推进生态环境基础设施建设和生态环境质量提升。

（2）持续改善了流域水质。2020年江西省地表水水质优良比例达94.7%，与2019年同比上升2.3个百分点；江西省地表水国考断面水质优良比例96.0%，同比上升2.7个百分点，无Ⅴ类及劣Ⅴ类水质断面；鄱阳湖点位水质优良比例41.2%，同比上升35.3个百分点，总磷浓度0.058毫克/升，同比下降15.9%；长江干流江西段所有水质断面全部达到Ⅲ类标准。

（3）显著提升了流域生态综合治理能力。横向生态保护补偿机制的形成，促进了生态环境治理体系和治理能力进一步提升。截至2020年底，鄱阳湖水质优良比例为41.2%，同比上升35.3个百分点；总磷浓度0.058毫克/升，同比下降15.9%。江西省国考断面水质优良比例由2015年的78.7%上升到2020年的96%，提高17.3个百分点。同时，在全国率先试点流域监管执法改革，探索建立"统一规划、统一标准、统一环评、统一监测、统一执法"的赣江流域生态环境保护体制机制，启发了宜丰生态警察中心、遂川"五头"护水、寻乌"源头移民保护—流域内治理—出境断面监测"全流域治理模式等一批治水之策。通过构建"五头"（源头、地头、山头、岸头、户头）护水生态管护体系，蜀水水质基本稳定在Ⅱ类以上。

2. 江西省跨省生态补偿机制

流域生态保护补偿是政府间横向生态保护补偿的一种形式，它是以地理相邻、无行政隶属关系的上下游地区政府为基础，在平等协商、意志一致的基础上，以赔偿资金对价支付为核心和支点，形成了激励与约束相结合的合作方式。有效实行重点流域开展横向生态保护补偿，需要采取完善制度体系手段，科学合理规范补偿标准和程序，拓展补偿方式，规范资金使用程序，完善资金管理制度，切实维护各方权益。积极与周边省份沟通协调，自愿协商签订补偿协议，逐步探索建立健全多元化的横向生态补偿机制，实现流域生态环境质量和稳定性不断提升。

专栏：东江源生态环保和治理

在第一轮生态补偿成果的基础上，江西省与广东省签署了2019~2021年第二轮东江流域上下游横向生态补偿协议。其中，2019年两个出口断面水质在100%达标的前提下达到Ⅱ类，东江源区一泓清水的保护效果显著。截至2019年底，落实流域生态补偿资金13亿元（中央资金9亿元，江西、广东两省财政各2亿元），筹集流域生态补偿资金134.95亿元，有效促进长江中下游水环境质量持续改善，保障水生态安全。

东江流域国家生态补偿试点实现了流域上下游发展与保护的协调，源头流域生态保护成效显著、水质稳中向好。主动拒绝高污染产业，根据区域地形地貌特点，发展特色产业，引导当地人民发展中草药等生态产业，鼓励农民走种养结合的道路；推广使用生物有机肥和复混肥种植，既达到了生态平衡，又实现了环境净化，从根本上解决水污染难题。

经观察发现，东江源区水环境质量得到了显著改善。在东江流域定南水安远县鹤仔镇黎屋电站主要水质监测断面，pH值、高锰酸盐指数、五日生化需氧量、氨氮和总磷在2016年1~12月水质均达到《地表水环境质量标准》（GB3838-2002）所规定的Ⅲ类水质标准。而在寻乌水兴宁电站和定南水庙咀里断面这两个考核断面中，pH值、高锰酸盐指数、五日生化需氧量、氨氮、总磷等主要水质指标在2016年6~12月水质也达到了Ⅲ类水质标准。2019年2月寻乌水兴宁电站断面水质已达到一级水质标准。2019年3月以来，寻乌水兴宁电站段和定南水庙咀里段两个检测段的出口断面水质在100%达标的前提下一直保持在Ⅱ类水质。

3. 江西省异地开发补偿机制

异地开发补偿是一种飞地经济模式，其实质是生态产品供给地和收益地之间根据江西省资源禀赋条件和各自比较优势，相互建立合作园区。生态产品供给地由于多年来严格守护绿水青山，加之基础设施不便利、资金人才技术匮乏等先天不足的原因，在一定程度上损失发展权益，虽然拥有良好生态环境优势，但是缺乏绿水青山向金山银山转化的有效途径，相关产业发展的基础也非常薄弱。而具有良好区位优势和工业发展基础的与生态产品相关的收益地，多年来借助快速工业化和城镇化进程累积了大量的财富。通过横向生态保护补偿向生态产品供给地提供了一定数量的"输血式"资金扶持，但在有效激发生态产品供给地依托自身优势实现"造血式"良性发展机制方面还需要有一些创新性的模式和路径。江西省在全省全面开展上下游流域、左右河岸、重点生态功能区、重点开发区横向生态保护补偿，建立省指导、自主协商、权责平等的省内上下游流域、县（市、区）生态补偿长效机制（中共中央办公厅、国务院办公厅，2017）。重点推进结对合作试点，探索互设"产业飞地"和"生态飞地"机制。深化山区水电和矿山资源开发资产收益共享扶贫改革试点。

二、推进多元化生态扶贫

江西省面临着生态环境保护和精准扶贫的双重任务，拥有超过 1.6 亿亩的林业用地，森林覆盖率达到 63.1%。该地区的森林资源和生物多样性非常丰富，享有 10 分的评价，是中国南方重要的集体林区。江西省多年来致力于将生态产业融入扶贫攻坚的实践与探索，成功防范和化解了产业扶贫的生态风险（郑鹏、熊玮、关怡婕，2019），形成了以构筑制度框架、发展生态产业、科技下沉基层、理顺利益机制、强化考核监督为特色的江西经验，并在突出党建引领、坚守红线思维、构筑产业体系、创新体制机制、强化工作落实等方面提供了良好示范。江西大部分贫困地区是林业重镇，也是重要的森林资源蕴藏区或生态脆弱区，在贫困区域的推进脱贫攻坚行动中，林业这一产业具有天然的地理优势和丰富的资源条件。江西省部分地区严格执行"限禁"政策，在大力保护生态环境的基础上，也在一定程度上限制了生态产业的发展，从而陷入了"多保护，少发展"的困境。"十三五"以来，江西切实把扶贫工作作为重大工作任务，时刻抓在手里、扛在肩上，为了促进林业行业的可持续发展和推动贫困政策措施的创新，我们需要加快推进青山与金山银山之间的双向转换通道，从而促进生态经济和产业的协调发展。

专栏：生态扶贫的上犹

1. 主要做法

（1）坚持保护与修复相结合，引来"金凤凰"，让美景变"钱景"。上犹县坚持综合施策，围绕治山、理水、净土，打出系列"组合拳"，不断提升生态环境质量，为发展生态经济奠定坚实基础。

1）大力实施"治山"工程。依托国家木材储备林、重点防护林、退耕还林等项目，大力推进"森林城乡、绿色通道"绿化等项目造林，近 5 年累计新

造林 9.26 万亩,退耕还林 1.5 万亩,封山育林 7.5 万亩,保护了 55.15 万亩生态公益林和 23.1 万亩天然林。同时,五指峰、阳明湖两个国家森林公园和五指峰省级自然保护区也已建成。这些工作使该地区被评为了森林城乡、绿色通道"建设先进县、森林资源保护先进县"。由此,过去五年里,水土流失面积治理达到了 231 平方千米,低质低效林改造的面积也近 20 万亩。

2)大力实施"治水工程"。拆除 2 万多个笼子,搬迁 30 多家浮动餐厅,禁止 130 多艘不合格船只,并关闭和分散 17 家小企业。积极推进渔民渔场搬迁工程,成功让 560 名"水上人家""水上漂渔民"全部迁入岸上,并取得了显著成果。该地区在加大污水处理能力的提升力度时,采取因地制宜的方式对农村生活污水进行处理,同时在各建制镇积极建设污水集中处理设施,并在县城和工业园区实施全覆盖的污水处理措施。这些措施从源头上预防江河湖泊污染,为污染治理工作增添了新的内容。

3)大力实施"净土"工程。在城镇方面,正在积极推进污水排放、农业面源污染、白色污染等方面的专项治理。同时,城市固体废物也正在实现无害化处理,达到了 100% 的处理率。在农村开展洁净田、洁净家、洁净水"三洁净"专项行动,建立入户分类、村收集、乡运输、县处理农村固体废物管理制度,每个村组配备一名清洁员,实现农村垃圾处理全覆盖,率先通过省级验收。

(2)坚持保护与发展相结合,实现产业生态化,让生态变"富态"。上湖县始终将保护和发展作为战略支点,不断推进绿色产业的发展,并不断挖掘和发挥生态优势,以此促进经济社会的绿色可持续发展。

1)大力发展生态工业。为了实现"家门口就业",上湖县特别在贫困村设立扶贫车间,旨在为贫困群众提供更多的就业机会。在 2017 年成功打造的光电科技产业园,一方面紧密连接高新技术,另一方面将企业与贫困户高度连接起来,帮助 18 家入驻企业共计 2300 余人实现就业。特别值得一提的是,园内的工业扶贫车间必将成为具有良好社会和经济效益的样板。目前,在全县各村中,已经孵化了 71 个工业扶贫车间,有效帮助了 2530 户贫困户实现了就业和增收。

2)大力发展生态旅游。重点推进南河生态休闲重大建设项目,包括油画创意产业园、石文化城、天目温泉、南湖国际渔业基地等。这些项目已经以高起点规划建设，荣获"全省十大旅游发展县级市""中国最美生态休闲旅游县级市"的称号。南河生态休闲"百里走廊"将成为南河地区著名的风景区，为全国游客提供一个多元化的旅游目的地。把农村变成景点、把农民变成商家、把土特产变成旅游商品（许正松、徐彩瑶、陆雨、王苓、孔凡斌，2022）。走出一条以旅游带动乡村振兴的旅游扶贫新路，直接带动48户贫困户160人（老区建设，2019）增收。家庭平均年收入超过1.5万元。

3）大力发展生态农业。进一步推进农业生产标准化、品牌化和基地景区建设，促进农业与生态旅游融合发展。推进茶叶产业提质扩面，对茶叶基地建设、专营店建设、品牌创建、科技创新等方面予以政策扶持。全县1万多户农户直接或间接参与茶叶产业发展，茶叶产业有效带动该县贫困户增收，实现户均增收1500元。促进油茶产业改造提升。加大资金扶持力度，全县有2900多户贫困户经营油茶直接受益，另外，还有相当一部分贫困户在油茶企业和油茶基地务工，依靠油茶产业取得收入，实现脱贫增收。

（3）坚持保护与脱贫相结合，创新利益联结，让资源变资产。上犹县为让生态资源优势转化为经济优势，坚持保护与脱贫相结合，不断创新利益联结，积极建立岗位服务、产业奖补、项目链接、生态移民机制，通过实实在在的惠民项目，让贫困群众感受到生态红利。

1）公益岗位稳增收。建立了建档立卡贫困户护林员队伍，建档立卡贫困人口生态护林员人数逐年递增，由2016年的131名增至2020年的396名。有效地将贫困人口就近安排护林，推动贫困人口脱贫。在村一级设立各类生态扶贫就业专岗，实现生态文明建设触角向村组延伸。

2）产业发展促脱贫。坚持把生态产业作为链接和带动贫困户的基础，培育和发展符合上犹实际的绿色产业，努力将生态优势转化为脱贫优势。突出发展油茶产业，加快建设油茶精准扶贫示范基地，"十三五"以来累计建立油茶新种植示范基地10个，低改示范基地5个，链接贫困户499户（1691人），流动人口均收入达到5000元以上；"十三五"期间，开展低产林整治2675户，低产林整治奖励291万元，新种植油茶奖励275户19万元，年均油茶收入增加3000余元。进一步推进发展林下经济产业，大力推进森林蜜源、森林野菜、食用菌、香精香料等林下经济产业发展，"十三五"期间，174户贫困户发展养蜂等林下经济产业，平均每户每年增收2000元以上。

3）项目链接惠民生。健全引导贫困户全过程参与项目建设的利益链接机制，通过加强项目劳务报酬管理、探索资产收益扶贫模式、土地林地折价入股项目等方式，推动贫困户收入稳定持续增长、生产生活条件持续改善。其中，山水林田湖草综合治理项目直接链接20户贫困户参与项目建设，人均月薪1600元；低质量、低效益的森林整治项目带动项目区农户参与项目建设，增加林农收入。

4）生态移民优环境。为帮助生态脆弱、偏远地区的贫困人口脱贫，将贫困地区扶贫搬迁与大中型水库移民的疏散救助相结合，综合采用城镇安置、堤防城镇安置、中心村安置、集中扶持安置、保障性住房安置等方式进行安置，完成易地扶贫搬迁2600人。

2. 取得成效

（1）发展生态产业为脱贫攻坚注入了源头活水。上犹县为充分利用好生态资源优势，通过科学开发利用生态资源，打造生态休闲度假"百里长廊"，将带动周边餐饮、采摘、住宿、土特产店的发展，联结一批贫困群众务工创业就业，真正使贫困群众分享生态红利。同时，不断壮大生态工业产业，促进县域经济发展，推动脱贫攻坚。

（2）强化生态系统保护促进了贫困群众增收。上犹县通过实施生态保护工程，着力构建赣江水系上犹江段五道生态屏障，不断改善提升生态环境质量，吸引优质生态项目落地，促进地方经济发展，助推脱贫攻坚。例如，南河湖沿线通过实施山水林田湖草生态保护修复工程，有效改善了沿线生态环境，吸引了大批客商前来投资，南湖国际垂钓基地、桃花源等一批项目在此落地，促进了县域经济发展，直接带动周边群众参与项目建设或开展农庄、农家乐等乡村旅游产业，直接带动贫困户726人，辐射带动贫困户1788人，实现户均增收768元，实现了生态文明建设与脱贫攻坚工作的良性互动。

（3）拓宽直接受益路径为贫困户增加了可持续稳定收入。上犹县通过开发生态扶贫就业专岗，拓宽贫困户直接受益路径，让贫困群众参与到生态环境监察、山林防火护林、卫生监督保洁等工作中，使贫困群众在获得劳动报酬的同时，也参与到生态文明建设中。有效解决了贫困群众持续稳定增收问题，又改善了农村人居生态环境，做到了农村垃圾有人第一时间清扫、山林火情有人第一时间发现、乡风文明有人第一时间监督等。

三、强化生态环境损害赔偿制度

生态环境损害赔偿是因污染环境、破坏生态环境等行为而付出相应的代价的负向约束机制，其与生态保护赔偿的正向激励机制相互作用共同实现生态环境正、负外部性的内部化。按照"谁开发谁保护、谁受益谁补偿"的原则，健全资源有偿使用制度和生态环境补偿机制，推动生态产品价值有效实现。

（一）完善生态环境损害赔偿制度建设

江西省深入贯彻该思想，着力完善生态环境损害的相关制度，加强对有关组织的领导，落实相关工作，完善生态环境和资源保护的司法保障机制，进一步完善生态环境补偿制度建设。

1. 明确制度内容、落实工作责任

（1）出台生态环境损害赔偿相关制度办法。认真落实建设国家生态文明试验区的重大举措，为进一步改革生态环境损害赔偿制度，配套出台了《江西省生态环境损害调查办法（试行）》等制度形成了"1+4+1"的改革工作制度体系。高度重视生态环境保护，严格执行生态环境损害赔偿责任制度，与此同时，这一体系正在逐步建立和完善，以促进环境保护与修复的有效实施。这一过程中，上湖县正在形成"重视环境、追究责任"的社会氛围。

（2）明确生态环境损害赔偿内容。一系列的生态环境损害赔偿制度明确了生态环境损害补偿的范围、义务主体、权利主体和管辖范围，以及环保、农业、水利、国土、住建等负有生态环境保护监管职责的工作部门的职责分工，《生态环境损害赔偿启动条件》规范了生态环境损害赔偿的各个环节，包括咨询、鉴定和评价等，旨在确保生态环境损害赔偿程序的规范和公正。同时，也正在积极完善赔偿诉讼规则，强化对损害赔偿和修复实施的监督和资金管理，致力于建立一个健全的生态环境损害索赔监督机制，从而保护生态环境的健康和可持续发展。

（3）落实生态环境损害赔偿工作责任。规定了损害调查的责任分工、分类和程序，生态环境损害赔偿协商应当遵循的原则，协商的主体，协商的启动条件、程序和保障措施，监督管理的对象，修复工程责任单位的修复责任，修复计划的修改和终止，资金保证、修复验收及法律责任。赔偿资金的来源、征收原则、适用范围和使用程序是生态环境损害赔偿制度的重要组成部分。

2. 加强组织领导、统筹改革进程

（1）省领导高位推动。领导高位推动有利于推动相关政策的实施，提高工作效率，为社会和谐增添一份助力。2018年，刘奇同志主持召开省委深改组第十三次会议、第十四次会议，为实施江西省改革工作奠定了坚实制度基础。省长易炼红同志时刻关注制度落地和实施情况，多次强调要提高政治站位，把握改革全局，扎实推进工作。时任分管副省长毛伟明、吴晓军、陈小平同志先后担任省生态环境损害赔偿制度改革工作领导小组组长，多次专门听取工作汇报并提出具体要求，统筹部署推进全省改革工作，并在2019年、2020年两次省生态环境保护大会上专门做了强调。

（2）江西省上下齐心协力。省、市两级赔偿权利人认真贯彻落实改革精神，把改革工作和污染防治攻坚战工作同谋划、同部署、同落实。与此同时，江西省11个设区市均印发了本地区《改革实施方案》，成立了生态环境损害赔偿制度改革工作领导小组，建立了部门联系协调机制，奠定了本地区改革推进的机制基础。

（3）明确部门改革工作职责。根据《改革实施方案》，为了确保生态环境损害赔偿制度的顺利实施，江西省生态环境厅与有关部门联合负责指导和协调各环节业务工作，包括但不限于调查、鉴定、评价、制订维修计划和维修后评估。为提高环境健康监测和风险评估能力，江西省卫生健康委员会和省生态环境厅正在积极推动地区环境卫生问题的调查研究，或指导地方进行相关调查研究，以加强对环境与健康的综合监测和评估能力。这项工作将提升江西省环境与健康风险评估的水平，进一步保护人民的身体健康和生态环境的可持续发展。

3. 完善工作机制、落实改革要求

江西省、市两级赔偿权利人严格落实《改革方案》要求，切实采取有力措施，序时完成了《改革方案》各项工作要求。

（1）组建成立了改革机构。根据《改革实施方案》要求，江西省成立了江西省生态环境损害赔偿制度改革领导小组，该小组在江西省生态环境厅设有办公室，负责日常工作。同时江西省生态环境厅、江西省农业农村厅、江西省林业局、江西省水利厅、江西省自然资源厅、江西省住房和江西省城乡建设厅等部门负责保护监管督导工作地区,各自生态环境职责范围内的生态环境损害赔偿工作由它们具体负责。此外,按照《改革实施方案》的要求,各区市还成立了工作领导机构,指定同级政府有关部门负责本区域生态环境损害补偿的具体工作。

(2)设立司法鉴定机构。江西将环境损害司法鉴定机构统一登记、规范管理纳入全省司法行政体制服务全面深化改革、依法建设江西等重点工作项目,积极推进江西省环境损害评价体系建设,努力为涉及生态环境资源诉讼活动提供可靠的专业意见和科学证据。2021年3月,江西省共审核注册环境损害评估机构28家,核准注册环境损害专业评估师420人,环境损害评估机构基本覆盖江西省所有城市,较好地满足了各地环境损害评估的需求。此外,2017年12月,江西省司法厅、江西省生态环境厅遴选建立了由57名专家组成的江西省环境损害司法鉴定机构登记评审专家库(江西地方数据库)①,并发布公告,提供受理登记的专家意见,江西省环境损害司法鉴定机构的申报与审查。

(3)开展学习宣传活动。2018年以来,江西省生态环境损害赔偿制度改革工作领导小组办公室全力推进部署学习宣传《改革方案》《改革实施方案》文件精神,共召开业务培训(视频)会5次、工作推进会3次、改革工作调度会2次;江西省生态环境厅组织省环科院等技术单位完成了对江西省各设区市的督导、帮扶调研,有力地推动了工作开展;积极开展案例实践指导,联合省法院、省检察院、省司法厅赴案件实地进行调研论证,推动江西省第一例索赔案件的办理成功。各地市改革工作领导小组办公室都采取了多种方式宣传改革精神、加强改革业务培训,召开了本地区改革工作推进会,取得了明显的工作成效。

(二)健全生态环境损害鉴定评估方法体系

建立完善的生态环境损害鉴定评价方法体系,是中国生态文明建设的重要组成部分。科学、公正、准确的生态环境损害鉴定评估方法是实现生态环境损害赔偿、生态产品价值的技术基础。在江西省的倡导下,规范生态环境损害鉴定评估、完善生态环境损害追究责任以及建立生态环境损害赔偿制度,已取得了显著进展。这将有助于生态环境损害鉴定评估工作的快速发展并促进中国生态文明建设的进一步推进。

---

① http://www.scio.gov.cn/xwfbh/gssxwfbh/xwfbh/jiangxi/Document/1641853/1641853.htm.

1. 规范生态环境损害鉴定评估

（1）完善全省统一司法鉴定管理体制。省委办公厅、省政府办公厅，2018年6月6日正式印发了《关于健全完善全省统一司法鉴定管理体制的若干意见》，该文件尤其结合了司法部《关于严格准入　严格监管　提高司法鉴定质量和公信力的意见》要求，推进中央《实施意见》中"四个统一"的贯彻落实。即：严格统一准入条件，保障司法鉴定资质能力；遵循统一执业规范，保障司法鉴定科学严谨；执行统一鉴定标准，保障司法鉴定客观公正；健全统一评价体系，保障司法鉴定依法诚信。

（2）依托江西省环境保护科学研究院等机构建立生态环境损害鉴定评估中心。为落实中央关于完善生态环境保护责任追究制度和环境损害赔偿制度的要求，满足环境损害诉讼的需要。成立江西省环境科学研究院生态环境损害司法鉴定中心，为政府及有关部门建立生态环境损害评价及相关制度建设提供技术服务，培养了一批技术过硬、综合能力强、资质过硬的专业评价团队；并作为鉴定机构出具鉴定报告。

（3）建立环境损害司法鉴定机构登记审查专家库。定期开展生态环境损害司法鉴定培训，确保有足够的司法鉴定人员。建立生态环境损害司法鉴定中心，8家鉴定机构取得环境损害司法鉴定资质，为损害赔偿提供技术支持。

（4）规范生态环境损害评估流程。一旦发生生态环境损害，应当立即启动调查程序，并可以委托专业的损害评估机构进行严格的评估工作，形成结论报告；或者委托专家进行鉴定，出具专家意见。通过评估和鉴定工作，可以提出是否进入咨询程序等方面的详细建议。

2. 完善生态环境损害追究责任

建立生态环境损害责任追究制度，对领导干部造成严重生态环境损害的环境决策实行后果处罚，推动党政领导干部切实履行生态环境和资源保护责任，"倒逼"领导干部树立科学发展观、绿色建功理念，从源头上重视生态文明建设。党的十八届三中全会、四中全会明确提出，"要建立完善的生态文明制度体系，实行最为严格的源头保护、损害赔偿、责任追究等制度，建立完善的环境治理和生态修复制度，以制度保护生态环境"。为了应对生态环境问题的复杂和多样性、发展规律和环境演变规律，在不同地区制定了不同的《江西省党政领导干部生态环境损害责任追究实施细则（试行）》和具体实施办法，通过地方制度的探索和创新,不断推进生态文明制度建设,保护生态环境。

明确党政领导干部在保护生态环境和资源中的责任。为增强党政领导干部生态环境和资源保护责任意识,推动党政领导干部切实履行生态环境和资源保护责任,省委、省政府联合印发《江西省党政干部生态环境损害责任追究实施细则(试行)》,明确各级党委、政府对当地生态环境和资源保护负有全面责任。党委、政府主要领导成员承担主要责任,其他有关领导成员在各自职责范围内承担相应责任。各级党委和政府有关部门及其所属单位的领导人员,按照职责分别承担相应的责任。党和政府领导干部不履行或者不正确履行职责,造成或者可能造成生态环境破坏,造成生态环境破坏引发群体性事件,不履行约束性生态环境和资源保护目标任务的,依法追究生态环境和资源损害责任。对生态环境责任追究的对象、责任追究的形式、责任追究的方式、在什么情况下追究生态环境责任等作出了详细规定。明确责任立即处罚,隐性责任终身追究,回答了"权力造成的生态问题如何处理,权力造成的生态破坏如何治理"的问题。

强化生态环境损害责任追究。党政领导干部生态环境破坏责任调查结果是干部考核、选拔任用的重要依据。为实现精准问责,针对造成或可能造成生态环境损害的责任及未完成生态环境和资源保护任务的责任等,各级部门已明确了各类生态环境损害的分级调查权限。针对离任后造成重大生态环境破坏并被查明有责任的领导干部,将实行终身问责制,督政常态化、实追责、敢追责、严追责、终身追责。对被问责的党政领导干部,取消其参加当年度各类高级资格考核和选拔的资格;对调离工作岗位的,一年内不得晋升;对被责令或个别责罚、辞职或被撤职的,一年内不得调任职务,两年内不得调任高于原职务级别的职务;对被降职的,两年内不得晋升;同时实行党的纪律和行政纪律,对组织进行处理的,按影响期限较长的规定执行。2017 年实施党政领导干部生态环境损害责任追究制度以来,不断加大追责力度,江西省各级共对 1588 名责任人员进行了责任追究。其中,从层次来看,厅级干部 18 人,处级干部 176 人,科级及以下干部 1394人;从问责类型来看,诫勉 573 人,责令公开道歉 4 人,调离岗位 3 人,引咎辞职 1 人,责令辞职 1 人,免职 26 人,降职 3 人,党纪政务处分 821 人,移送司法机关 16 人;另有 150 人被批评教育、书面检查、提醒。

第三节　本章主要观点

　　本章通过深入推进生态产业化和产业生态化以及纵深拓展生态产品保护补偿路径两个方面阐述生态产品价值实现的多元路径。推进生态产业化和产业生态化主要从生态方面和产业方面进行说明，通过生态产业质量不断提高、优势产业快速发展、传统产业改造加快等技术创新来提升物质产品价值，在生态文化旅游、优质生态农业、高质量绿色工业、提升区域公共品牌等方面加快探索生态产品价值实现的多元路径。进一步完善生态保护补偿制度，探索多样化生态补偿方式，推进横向和纵向生态补偿提质扩面。此外通过生态扶贫和健全生态环境损害赔偿制度拓展生态产品保护补偿路径。

第六章　其他省份生态产品价值实现的实践现状与经验启示

2017 年福建省、贵州省与江西省作为我国首批三个生态文明试验区进入生态试验区的全面铺开和加速推进阶段（武哲如、杨多贵等，2020）。云南省则是与江西省同一批列入全国生态文明先行示范区建设的省份之一。浙江省既是习近平总书记提出的"两山"理论发源地，又是国家生态产品价值实行机制的试点省份。梳理、归纳和总结这些省份在生态产品价值实现的实践经验，尤其是梳理总结这些省份在生态产品价值实践的主要路径、主要政策、先进经验和经典模式等相关情况，能够为江西省早日实现生态产品价值提供丰富的现实经验，也为江西省下一步的实践重点提供重要抓手和方向。

福建、贵州、云南、浙江等省份在开展生态产品价值实现的路径中都积极、大胆地探索，在体制创新、模式探索、举措落地等方面取得明显进展和成效，形成了各自的地区特色，值得江西省学习与借鉴。鉴于总结其他省份的生态产品价值实现的经验启示对江西省具有重要现实意义，本章主要从福建、贵州、云南、浙江四个省份生态产品价值实现路径中的优秀经验进行归纳总结。

第一节　福建省生态产品价值实现的实践与经验

福建省是我国首个国家生态文明试验区。从表 6-1 可知，福建省积极印发各项促进性文件，并且做了大量有效举措来大胆探索生态产品价值实现的路径和模式。福建省在践行生态产品价值实现，扩大生态产品供给方面走在全国前列，具体包括以新的发展理念指导工作，进一步深化生态产品体制改革，为生态产品的营造扩展提供良好外部环境，正确处理治理、保护和供给三者之间的关系，通过市场交易体系和公共支付体系促进生态产品价值实现，大力发展生态产业，探索推动生态产品的市场化运作模式等。福建省探索生态产品价值实现的实践经验最值得关注的是注重顶层设计、树立绿色发展理念、强化生态价值思维、积极推进市场化进程和因地制宜实施差异化策略。福建省众多改革举措在生态产品价值实现道路上取得突出成效。因此，福建省在生态产品价值实现路径上的宝贵实践经验，将会为江西省生态产品价值实现的进一步探索提供重要参考价值。

表 6-1 福建省相关生态政策

时间	文件	印发部门	相关论述
2004 年 11 月	《福建生态省建设总体规划纲要》	中共福建省委、福建省人民政府	提出构建生态效益、资源保障、城镇人居环境、农村生态、生态安全保障、科教支持和管理六大体系
2006 年 4 月	《关于生态省建设总体规划纲要的实施意见》	福建省政府办公厅	组织实施重点建设工程，主要有生态效益型经济工程、资源节约和综合利用项目、重点生态功能区保护工程、城乡人居环境建设工程、农村生态环境建设工程、生态安全保障和人口安全保障建设工程
2011 年 9 月	《福建生态省建设"十二五"规划》	中共福建省委、福建省人民政府	到 2015 年，经济发展取得重大进展，生态省建设主要目标基本实现，率先建成资源节约型、环境友好型社会
2021 年 10 月	《福建省"十四五"生态环境保护专项规划》	中共福建省委、福建省人民政府	实现生产生活方式绿色转型、生态环境质量稳定改善、生态环境安全得到有力保障、环境治理体系更加健全、人民群众生态环境获得感更强

资料来源：秦颖. 生态产品的市场化供给机制与价值实现模式研究［M］. 北京：中国经济出版社，2022.

一、以体制改革为引领，大力推动生态产品价值实现的体制机制

福建省积极围绕重点生态产品价值实现开展制度建设，2016 年《福建省开展市场准入负面清单制度改革试点总体方案的通知》中指出，对于限制性开发的

重点生态功能区将开展生态保护与修复工程，加强生态产品的产出，进一步引导人口有序适度转移，划定重点生态功能区，对其进行强制性保护，严禁任何开发与不当利用，对于不利于重点生态功能区的各种开发活动，全部关停处理。

（1）福建省借助生态环境规划院技术团队，利用资源环境经济学与生态系统服务价值核算的理论方法体系，建立了以森林、湿地、农田等典型山区生态系统为核心，以生态产品流转为重点的生态系统价值核算技术体系。

（2）制定出台了试点生态系统子核算、试点编制自然资源资产负债表等方案，力争为绿色发展考核等提供基础依据。福建省在 2018 年底实现所有县自然资源资产负债表编制工作全覆盖，比国家规定的进度提前两年。同时，福建是唯一把 GEP 核算作为重要改革任务的国家生态文明试验区省份。福建省分别将武夷山、厦门作为山区样本和沿海城市样本进行生态系统核算试点工作，目标是算出无形生态的有形价值（生态产品价值实现的路径、机制与模式研究课题组，2019）。

（3）在全国率先制定《绿色发展考核评价体系》与领导干部自然资源资产离任审计。将生态系统价值不降低作为地方绿色发展情况考核评价的重要依据，逐渐由生态系统价值+GDP 考核模式取代原有传统的 GDP 考核，用考评结果来衡量地方领导的绿色发展成效，并将其领导的政绩、干部的使用和绩效管理紧密结合，作为领导干部考核、任免、奖惩的重要依据，树牢领导干部绿色政绩观，以此来建立起一种坚实的绿色政绩观，推动绿色发展的高质量发展。同时，福建省在 2017 年全面开展审计试点，2018 年建立经常性审计制度（《生态之路》编撰组，2017）。

二、以森林生态银行为抓手，努力促进森林生态资产保值增值

森林生态银行主要是为了解决单家独户经营森林资源经营成本高、收益低，森林资源碎片化、分散化等难题而提出的。森林生态银行是一种借鉴银行运营模式，将林业生态资源与金融、市场化资金相结合的新型资源运作平台。简单来讲，森林生态银行是由政府出面，将林农们原本碎片化、分散化的林地以林权抵押、林权入股、合作、托管、租赁等契约形式集中起来，对这些生态资源进行重新收储、规范、保护、提升、整合，交给当地的国有林场进行专业化的统一管理和运营，实现林木生态资源的多元化增值，推动森林资源变资产。

2018 年,福建省顺昌县率先完成森林生态银行的构架搭建,设立生态银行运营机构——福建省绿昌林业资源运营有限公司,同时将林业局、林改办、资产评估中心、数据信息管理中心整合,为林农开办高效的一站式营业服务窗口(蔡晶晶、李德国,2020)。林农在办理林权抵押、林权入股、租赁等手续时,省去了多机构、多手续的烦恼,直接一个窗口一站式办理。

(一)林木资源的集中收储、提质增效

(1)顺昌县采用多种契约方式集中收储。一是林权抵押贷款。当林农有融资需求、资金短缺时,可以通过月息 4.89‰的超低贷款利息向森林生态银行进行林权抵押贷款,而且抵押期限可以达到 15 年之久,可以有效帮助林农解决融资难、融资贵的问题。二是购买、赎买收储。购买、赎买林木区一方面是为了化解林农不愿意继续经营的难题,防止采伐重点生态区林木;另一方面是保障林农的合法权益。森林生态银行通过全面的市场调查和资源评估程序,制定出一套完善的森林资源赎买方案,以统一的市场价格为参考标准,一次性或定期购买森林经营权和林木所有权,并实施托管经营,以确保森林资源的可持续利用。三是托管经营。如果林农有闲置,无力管理或者不想管理的林区,可以选择通过托管的方式赚取租金(黄颖、温铁军等,2020)。托管经营不仅可以确保林农每年定期都会有一定的固定分红,而且托管经营还为没有劳动能力的老弱病残、贫困户提供了极大的便利。四是股份合作经营。林农可以将部分经营权保留。

(2)利用资产评估中心遥感图像的技术支持以及数据信息管理中心的信息管理功能,对森林生态资源的信息整合、项目选址、投资分析、调查评估等工作进行摸底分析。同时也为智能化管理,形成森林生态资源的共享信息服务平台打下基础。

(3)提质增效。依托国有林场资金、人才和管护优势,结合总投资 215 亿元进行国家储备林质量精准提升工程项目,达到生态资源的保育和提质增效。整合收储以后的森林资源进行系统性生态修复和生态保护之后,还采取了整合和保护森林资源的"三改"措施,突破原森林采伐管理办法中"林木抚育间伐的伐后郁闭度保留 0.6"的政策限制,进一步提升林木质量,优化林分结构,增加森林蓄积,保护生物多样性(黄颖、温铁军等,2020;雷艳杰、张美艳等,2021)。

(二)金融融资导入、资本运作

福建省率先搭建金融服务创新平台,引入社会资金设立乡村振兴基金(黄颖、温铁军等，2020)。由政府投资设立福建省首家"林权+金融"的林业生态资源运营的管理公司——福建省顺昌县绿昌林业融资担保公司，引入金融工具和其他资本方投资，优化专业管理团队，为林业产业实体企业、林农个体户提供融资担保风险服务。同时，政府为了最大效率利用资金，更好地实现资本化运作，会最大限度地利用森林生态银行的贷款、担保和产业基金等金融工具来大大降低贷款利率，提高贷款额度。例如，银行以担保金 1∶5 杠杆比例、最高 15 倍基准利率放大放贷金额，保证放款的高效。贷款风险由森林生态银行、商业银行、省财政共同承担。同时相关金融机构对同时满足以下四个条件的杉木林业产业企业、个体林农提供期限 3 年，限额 10 万元、可随借随还、自主循环，免抵押、免担保的超低贷款利息的快捷贷款：具有林权证、林业面积 2 公顷以上、生长期达到 5 年以上、企业或个体经过金融授信。

（三）林木产业项目策划、招商推介

支持引入和实施 FSC 森林可持续认证，截至 2022 年共计 24.8 万亩林地及 1.5 万亩毛竹林被纳入 FSC 森林可持续认证范围，进一步规范了管控区的管理，改善了森林管理水平和林地产品产出，促进大型加工企业走出国门（张文明，2020）。森林生态银行积极开展森林碳汇交易，创造出首个扶贫碳汇项目——"一元碳汇"。该项目共涉及 3 个贫困村 90 户贫困户的碳汇林面积 6086 亩，核算碳汇量 2.99 万吨。搭建线上销售平台，通过开发微信"一元碳汇"App 小程序，鼓励社会公众线上线下购买贫困村、贫困户林木的碳汇量，通过市场化销售单株碳汇来引导大众低碳出行、消费。森林生态银行对林业形成规模化和专业化管理，解放了林农的双手，增加了林农探索其他致富路的时间。林农不用在林业上加大日常投入，就可以通过股权分红、租金、林场务工等方式获得经济收入。同时森林生态银行有助于推动绿色产品和生态资产化，打通"绿水青山"变"金山银山"的通道，为林业一二三产业融合发展提供有力支持。

三、建立健全多元化生态补偿机制

福建省在图 6-1 生态补偿的运行机制基础上，进一步建立健全适合自身发展的多元化生态补偿机制。

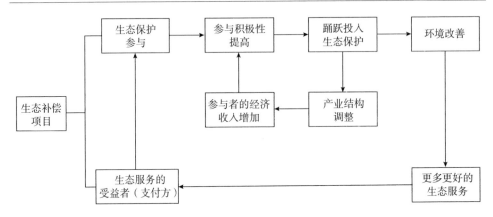

图 6-1　生态补偿的运行机制

资料来源：秦艳红，康慕谊. 国内外生态补偿现状及其完善措施［J］. 自然资源学报，2007（4）：557-567.

（1）制定重点流域生态补偿机制。为搞好重点流域的水资源管理和生态环境保护，推进生态产品价值实现路径的早日实现，建设机制灵活、产业优、百姓富、生态美的新福建，福建省加大协调力度，多方筹资，建立和完善重点流域生态补偿机制。2003 年，福建省在重点流域开展了生态补偿试点工作。福建省人民政府以闽政〔2015〕4 号文印发了《福建省重点流域生态补偿办法》。重点流域的生态补偿范围扩大到涵盖 43 个市（含市区）、县和平潭试验区流域。2018年，水域生态补偿的范围扩大到福建省 12 个重点流域的长效生态补偿机制。福建省以省级支持为基础，市、县重点支持为原则，资金和分配主要针对欠发达地区、上游地区和脆弱地区。同时，对饮用水水源保护、城乡污水和垃圾处理厂建设、畜禽养殖污染整治等流域保护和污染治理工程进行资金分配。生态补偿资金将按照标准化方式统一征收和分配，规定了征收标准、分配方式、使用区域、管理责任分配、监管方式等，确保实现生态补偿资金征收和分配的规范化、透明化。

（2）深入探索重点生态区位商品林赎买，达到"生态得保护，林农得利益"的双赢目标。福建省人民政府为解决生态保护与林农利益之间的矛盾，创新重点生态区商品林管理模式，优化福建省重点生态区生态公益林配置，大力进行重点生态区商品林有偿使用改革。在福建省内挑选出部分区县，将其划入改革试点单位，进行全方位综合试点。通过购买、租赁、置换、征收、改造、改良重点生态区的商品林，探索出一条"社会增绿、林农增收"的新路。牵头组织建立生态公益林储备库，管护商品林。重点生态区商品林赎买后，林木所有权和林地使用权归国家所有，在及时建立生态公益林储备库的同时，地方政府将经营权移交给县级国有林场企业或其他国有林场经营单位，使生态公益林的布局得到优化调整，实行重点生态区商品林统一管护、核心管护，在确保生态公益林总面积不变的前提下，实现国有资产保值增值①。

（3）将重点生态区的租赁经济林与生态国有林、天然林合并，聘请专业的城市护林员，在划定的区域内实行统一的集中管护。购买的林木原则上不得进行大规模的砍伐，但在特殊情况下必须进行砍伐的，所得收益原则上由主管部门和林权持有人按照3∶7的比例分成。主管部门还聘请护林员护林，抓好防火、防虫、防盗工作，及时储备公益生态林，及时调控公益生态林。为搞好森林经营，公司应根据自身林业的实际情况制定相应的经营措施。纯针叶林应根据森林生长状况，及时采取间伐、择伐、移植乡土阔叶树等林业措施，逐步将其改造为针叶混交林或阔叶林，以改善和促进生态和景观功能；集中发展林场，精准施策，发展林业科学；提高林农收入，助力乡村振兴。探索转制更新、租赁置换等各种创新方式的持续推动。福建省支持国有林业企业扩大经营范围，将商品林作为生态公益林的补充储备，与生态公益林、天然林合并，统一集中管护。最后，应加强监督力度。严格按照"再调查、再研究、再落实"的措施，对森林调查、估价和林权变更工作进行全面的中央监测服务，并严格遵守相关标准。

（4）试行综合性生态保护补偿。为继续深化生态保护综合补偿政策，促进重点生态功能区和生态建设示范区的生态环境质量持续改善和提高，福建省人民政府于2018年印发了《福建省生态保护综合补偿实施方案》（以下简称《方案》）。该《方案》力争在2025年通过实施生态保护综合补偿等政策措施，严格整治省内主要河流流域的水质、省内空气质量，保护森林，提高居民饮用水水质质量、生活质量、森林覆盖率②。

---

① 福建省人民政府办公厅．关于印发福建省重点生态区位商品林赎买等改革试点方案的通知［DB/OL］．福建省人民政府网：http：//www.fujian.gov.cn/zwgk/zxwj/szfbgtwj/201701/t20170122_1477179.htm.

② 福建省印发《综合性生态保护补偿实施方案》［EB/OL］．中华人民共和国国家发展和改革委员会网：https：//www.ndrc.gov.cn/fggz/dqzx/stthdqzl/202212/t20221229_1344516.html.

为保障环境安全得到进一步加强，福建省建立强大的环境安全屏障，并建立绿色繁荣和谐的美丽福建，力争取得生态文明的新进展。2022~2026年，省财政预计每年拨出5亿元用于大规模的生态保护补偿基金。综合生态补偿基金与生态和环境改善指标的评估相互挂钩。大约60%的资金将分配给指标最高的前40%的县（市），40%的资金将分配给指标排名后60%的县（市）。

四、推进自然资源确权登记，助力资源变资产

产权不明确、权责不清晰，保护就会落空。自然资源确权登记对推动建立权责明确，保护严格，流转顺畅，实行山水林田湖草沙整体保护，系统修复，综合治理等具有重要意义。自福建省在2016年10月开展自然资源确权登记试点工作以来，福建省精心组织、加强顶层设计、鼓励基层创新，查清了试点区域内自然资源权属家底，给水流、森林、山岭、草原、荒地、滩涂、矿产资源等自然资源"上户口"，不到两年时间就形成了可复制、可推广的"福建试点经验"，引来十多个省、市前来学习借鉴。

（一）自然资源确权登记

福建省晋江市是中国第一个对自然资源实行统一登记的地区。该市总产值连续多年位居福建省第一，民营经济发达，但同时，自然资源的权属问题也相当复杂。晋江市为解决自然资源登记问题，通过试点探索了一系列的"国家创新"：第一个自然资源调查技术规范、第一个划界方法、第一个自然资源产权统一确权登记信息系统。在试点项目中，晋江不仅为众多国有自然资源登记单位制定了切实可行的技术程序和方法，而且通过界定国有和集体自然资源的界限，有效解决了自然资源产权界限模糊的问题。福建省厦门市结合当地实际情况，将全市自然资源分为森林、水域、沼泽和已发现的保护区四类。同时，探索引入自然资源最小单元，即把具有相同权属、类别和特征的自然资源区作为一个"资源"来命名和处理，这极大地提高了国家自然资源登记册的更新速度以及推动自然资源总分类工作的开展。

（二）土地确权登记

福建省将土地确权登记档案作为立档单位全宗内一种专门档案进行整理，要求福建省各级档案部门认真做好农村土地承包经营权确权登记档案收集和整理工作。首先，福建省规定并严格执行土地资源档案资料的归档范围和保管期限，其中对归档范围进行具体分类，对不同等级的土地确权文件制定不同的具体要求；保管期限分为永久定期、30 年定期、10 年定期。其次，对土地确权登记的书写材料、纸张和装订材料、照片、录音录像、电子文件、遥感数据等归档文件的规范性、真实性、完整性要求严格。最后，对农村土地承包档案信息实行动态化管理，实现农村土地承包档案信息资源共享①。

第二节　贵州省生态产品价值实现的实践与经验

贵州省位于中国西南地区的云贵高原，丘陵山地居多，占贵州省面积的 92.5%，贵州省的生物多样性保护工作成效显著，矿产资源种类与存量丰富；水能资源蕴藏量居全国前列。贵州省喀斯特是世界上最典型的岩溶地貌发展地区，其暴露面积占贵州省土地面积的 61.9%，土壤侵蚀面积占 31.4%，石漠化面积占 17.2%，生态环境极其脆弱，生态修复难度大（林国敏，2019）。

自 2016 年 8 月批准贵州省纳入国家生态文明试验区建设以来，贵州省一直努力践行"绿水青山就是金山银山"理论，坚持以"含绿量"提升发展"含金量"。贵州省在生态产品价值实现路径方面做了大量探索和实践，尊重生态肌理，设计生态空间；保护与开放并举，坚守生态产业，探索出环境资源审判庭、生态环境损害司法鉴定机构、生态环境保护人民调解委员会、生态旅游发展投融资、公益林生态效益补偿、单株碳汇生态扶贫等在全国具有一定影响力的新模式新经验，加快了贵州省的脱贫步伐，使贵州省的森林覆盖率从 47% 上升到 62.12%，森林覆盖率连续增幅全国第一。贵州省探索出众多典型模式，在我国发挥试验区的引领示范作用。因此，学习借鉴贵州省在生态产品价值实现这条道路上的优秀典范措施，对江西省探索生态产品价值实现具有一定的启示意义。

---

① 中华人民共和国国家档案局. 福建出台办法规范土地确权登记档案工作［EB/OL］. 中华人民共和国国家档案局网：https://www.saac.gov.cn/daj/c100214/201612/c168b989f02d482683667cdec1fd0900.shtml.

一、大生态与大数据相融合，走高质量发展之路

贵州省抢抓机遇，紧跟科技发展的步伐，不断完善大数据平台发展，将大数据与生态文明建设两张"名片"智能融合，开拓出一条独具特色的高质量发展新路。近年来，贵州省通过实施种苗 App、古树名木"电子身份证"、土壤治理跟踪二维码、以大数据应用为靶心的"7+N"朵云、智慧公园、引进美国高通芯片产业、建立数据中心等措施，以大数据和科技高速发展为基础，搭建信息化平台，使贵州省"链"上大数据，生态产品价值实现工作越来越"智慧"。大生态和大数据的融合为生态产品价值实现路径提供了清晰的框架，帮助贵州省加快向高质量的经济与生态双发展的速度。

（1）大生态和大数据的融合，为技术赋能，让贵州省的生态治理更智能，绿色发展底气更足。铜仁市万山区敖寨乡将土壤修复与治理工作与大数据紧密融合，给每项修复项目都创建了独一无二的二维码，通过扫描二维码，可以看到整个治理过程的全部数据和信息，方便工作人员进一步跟踪土壤治理修复的进展，也为下一步工作提供数据支持。2020 年以来，安顺市运用大数据技术，将古树名木的照片、树龄、树高、保护等级、管护单位、地理位置等信息收录到统一的信息系统，对古树名木进行二维码电子识别，为百年以上古树名木建立"电子身份证"，实行挂牌保护，让古树名木保护更精准高效。目前，古树名木"电子身份证"已经在安顺市进行全面推广，古树名木实现了智能化管理和保护。

（2）大生态和大数据的融合，激活技术，让贵州省的城市更智慧，生活更舒心。贵阳一些公园在日常管理中充分利用大数据和互联网等新技术，开发智能票务系统、门禁系统、管理系统、节能系统、监控系统等，建设以社区需求为主的智慧公园，提供各种服务，提高生活质量。观山湖公园作为贵阳市智慧公园的典范，公园的设计细微之处彰显了生态与数据的融合。同时，大数据在推动无废城市建设过程中同样扮演重要的"角色"。

二、推动生态补偿机制创新，助力生态产品价值实现

长期以来，贵州省就一直在探索重点生态功能区的生态补偿机制。早在 2015 年，赤水市被列入国家重点生态功能区转移支付城市以来，就积极探索建立生态补偿机制并取得良好成效。享有"美酒河"和"英雄河"赞誉的赤水河流经云南、贵州和四川三个省份的 16 个县（市、区），是长江上游区域内重要的生态安全屏障。因赤水河流域上游地区为保障下游酿酒厂的水质要求，没有得到很好的发展，一直对农业的依赖度较高（朱建华、张惠远等，2018）。因此，开展赤水河流域生态补偿对上游区域的经济发展显得尤为重要。

贵州省历届政府都特别重视对赤水河流域的生态建设，并相继出台诸多相关水环境保护改革措施，调动了上游区域强化生态环境保护的积极性和主动性。例如，建立跨行政区协调机制，建立跨市、跨县（区、市）河流 12 个水质自动监测站；在赤水河干流沿岸设定生态环境保护红线；制定赤水河流域整体规划；大力推进滇黔川三省生态补偿机制建设；出台赤水河环境保护条例；落实环境保护河长制；开展赤水河流域生态文明制度改革试点工作等。

贵州省从 2006 年开始探索对赤水河流域的保护，表 6-2 为贵州省部分生态补偿的相关政策及主要内容。贵州省从 2014 年开始正式开展赤水河流域水污染防治生态补偿，在毕节市和遵义市之间实施横向赤水河流域生态补偿机制，选择高锰酸盐指数、氨氮、总磷作为监测指标，根据横向补偿区域内跨界断面（清池断面）的自动监测结果，取月平均值计算生态补偿金额，实行按月核算、按季通报、按年缴纳（吴志广、汤显强，2020）。赤水市在 2015 年制订了《赤水市生态红线划定方案》，确定了生态功能区的红线保护区域的范围，对总面积 514.73 平方千米的生态红线区域进行分级管理；依据《赤水市林业资源生态保护红线实施方案》和《赤水市基本农田生态保护红线实施方案》，赤水市成立了赤水市风景名胜区管理局（中国丹霞赤水世界自然遗产管理局）、赤水丹霞国家地质公园管理局以及长江珍稀鱼类保护区赤水管理站等重点生态功能区管理部门，对重点生态功能区生态环境进行有效管理。2016 年，由贵州省政府牵头，提出与云南省、四川省三省共同治理赤水河的倡议。2018 年三省领导就共同治理的相关工作达成一致协议，并出台云贵川赤水河流域横向生态补偿实施方案，自此赤水河流域开始新一轮的生态补偿工作（胡祖才等，2023）。同时，激活生态补偿机制。在生态补偿机制创新方面，明确补偿对象，对于毁坏、盗取重点保护植物的行为，采用复绿补植和缴纳生态补偿金两种方式开展生态补偿；黔东南州在清水江流域开展生态补偿机制试点，率先在全省建立横向生态补偿机制；黔东南州法院也探索建立重点生态补偿区森林砍伐方面的生态补偿机制，从司法上作出了有益探索。

表6-2 贵州省生态补偿相关政策及主要内容

时间	文件	印发部门	相关论述
2006 年	《贵州省人民政府关于加强赤水河上游生态环境保护和建设的意见》	省人民政府	加强赤水河流域生态环境保护和生态建设，保障酒企对水资源的要求
2007 年	《赤水河上游生态功能保护区规划（贵州境内）》	省人民政府	规划总投资近 26 亿元
2011 年	《贵州省赤水河流域保护条例》	贵州省人大常委会	贵州省八大水系中第一个河流环境保护的地方性法规，督促省市守护赤水河
2010~2013 年	《流域综合保护规划》	省人民政府	竭尽所能保护赤水河流域生态
2013 年	《流域产业发展规划（2013-2020 年）》	省发展和改革委员会	对赤水河流域发展进行了规划
2013 年	《流域环境保护规划（2013-2020 年）》	贵州省环保厅	赤水河流域环境保护要以在保护中发展、在发展中保护为基本原则
2014 年	《贵州省赤水河流域生态文明制度改革试点工作方案》	贵州省环境保护厅、省财政厅、省水利厅	在制度改革中，首次引入生态补偿机制
2014 年	《贵州省赤水河流域水污染防治生态补偿暂行办法》	贵州省环境保护厅、省财政厅、省水利厅	按照"保护受益、利用者补偿、污染者受罚"的原则，在毕节市和遵义市之间实施赤水河流域水污染防治生态补偿

资料来源：秦颖．生态产品的市场化供给机制与价值实现模式研究［M］．北京：中国经济出版社，2022．

三、全域生态旅游，筑牢生态产品价值实现之基

（1）制定生态旅游发展规划，开展生态旅游资源大普查，摸清贵州省生态旅游家底，绘制了省级生态旅游基地图。贵州省先后编制出台了众多生态旅游规划，将省内重点生态旅游资源进行整合、联合合作、抱团发展，建立了旅游警察、旅游区法院和地方旅游服务中心，提供全方位的旅游服务。

（2）制定生态旅游发展评价办法，完善省级旅游统计制度和旅游发展评价办法。强化省、区对旅游发展的考核，把生态旅游产业发展情况置于全省经济社会发展大局中，设定严格的考核责任制，把党政考核结果纳入各级党政领导班子和主要负责人的实际考核内容，作为选拔任用和薪酬待遇的依据，使全域生态旅游工作上升为党政"一把手"工程。

（3）创新生态旅游发展投融资体制机制，打通旅游资源开发与金融支撑之

间的壁垒。贵州省鼓励各类银行加大对旅游重点项目建设的信贷支持，全面清理涉旅审批事项，探索建立旅游投融资项目审批首问负责制，设立旅游产业发展专项基金，支持旅游企业开发旅游证券化产品，推动一批旅游企业在"新三板"上市，鼓励国有企业参与生态旅游资源开发和投资。

（4）多样化探索"生态旅游+"发展模式，推动"绿水青山"转化为"金山银山"。发展竹林、高山冷水鱼、商品乌骨鸡、金钗石斛、生态旅游等绿色产业；积极探索"生态旅游+扶贫"发展模式，实施九大旅游扶贫工程，出台贵州乡村旅游标准，打造全国乡村旅游创客示范基地和全国旅游规划扶贫示范项目，带动贫困人口就业增收脱贫，让贫困群众充分享受生态旅游发展红利。创新探索"生态旅游+互联网"发展模式，建立"贵州旅游+大数据平台"，全面覆盖线上、线下生态旅游渠道。建立并运行贵州旅游数据中心、智慧旅游通用服务监测平台、应急智慧平台（云游贵州 App）。建立贵州旅游信用信息系统，开展贵州旅游购物退货试点项目，设立全省旅游购物退货试点项目托管机构，全力保障游客利益（郑鹏、熊玮，2019）。

四、林业高质量发展，助力森林生态资产保值增值

贵州省在生态产品价值实现过程中始终坚持守好发展和生态两条底线，一方面守好生态保护红线，维护森林资源安全，另一方面改善森林资源，促进林业高质量发展，助力森林生态资产保值增值。贵州省紧盯目标战略，精准发力，集中力量发展高质量林业，依托丰富的森林资源，稳步发展林下经济，创建了"保护区+林下经济"发展模式、"国储林+林下经济"发展模式、"国有林场+林下经济"发展模式，提升了产业产值，助力了乡村振兴。2021 年，贵州省政府出台林业高质量发展的相关指导意见后，林下经济利用面积、全产业链产值、全产业平均亩产值较 2020 年取得突破性提高。根据 2023 年贵州省林业工作会议可知，2022 年贵州省推进林业系统科学国土绿化，全面强化资源保护，积极应对林业灾害，持续提升产业效益，不断探索改革路径，大力强化保障能力，贵州省林业总产值达 4000 亿元。贵州省涉林违法案件数量、森林火情数量、林业有害生物成灾率同比下降明显，达到国家控制指标，林业高质量发展取得显著成效。

毕节市全面推行"林长制"，助力生态文明建设。"林长制"是指在各级林长的组织领导下，形成一级抓一级，层层抓落实的工作机制。贵州省深化国有林

场改革，鼓励分区分类探索国有林场经营性收入分配激励机制，有效协调解决林草资源保护的内生动力问题、长远发展问题和协调问题；加快推进林权制度改革，探索开展国有企事业单位赎买集体或个人森林资产试点和林权抵押处置试点；做优特色林业产业，着力推进全产业链发展；以"竹子经济"为核心，推动实现生态产品价值；积极探索环境资源权益市场化，提供环境产品；高标准、高水平办好生态文明贵阳国际论坛"林业"主题论坛；探索创新山地生态系统保护利用模式，推进"林业+旅游"高质量发展，提升贵州省旅游品牌影响力；配合省生态环境厅开展健全生态环境损害赔偿制度和推进生态环境损害赔偿制度地方立法，引入完善由非政府组织和第三方参与的生态环境损害赔偿诉讼机制等①。

第三节　云南省生态产品价值实现的实践与经验

云南省地处我国西南边陲，生态资源和动植物物种丰富，有"彩云之南""动物王国""植物王国"之雅称。在生态产品价值实现的探索路径中，云南省不畏艰难，深入探索生态产品价值实现路径，努力学习贯彻习近平生态文明思想，始终坚持生态保护与建设并举，在自身区域优势和资源优势的基础上，践行绿色发展理念，积极构架绿色生态产业体系，努力将绿水青山、生态资源转化为产业优势、经济优势。近些年通过不懈努力，云南省拥有了元阳哈尼梯田遗产区、阳山生态公园、生态产品价值核算评估机制、西畴石漠化治理等极具代表性的典范。云南省生态产品价值实现之路促进了生态产品价值的延伸与实现，形成了云南特色，取得了生态价值与社会价值的良好效益，向云南省乃至全国人员提供了大量优质的生态产品。鉴于此，对云南省重点生态产品价值实现的实践路径进行梳理、归纳和总结，有助于为江西省生态产品价值实现的创新实践路径提供重要参考。

一、推进 GEP 核算，建立健全全省生态产品价值实现机制

坚持进行生态产品价值（GEP）核算能够让云南省生态家底更加一目了然，

---

① 贵州省林业局.贵州省部署推进林下经济高质量发展［EB/OL］.国家林业和草原局政府网：http://www.forestry.gov.cn/main/102/20220104/162516808674387.html.

为探索"绿水青山"转化为"真金白银"奠定基础、提供依据。云南省有得天独厚的优势，生态资源富集，是全国植物种类最多的省份，生态产品价值核算工作起步早，在全国发挥模范作用。从 2017 年开始，云南省将普洱市作为生态产品价值核算的试点区，此后在全省范围内开始陆续开展生态产品价值核算工作。

在中央提出要进一步建立健全生态产品价值实现后，云南省迅速做出反应，在 2023 年 2 月正式开始统筹推进九大高原湖泊流域生态产品价值核算，给绿水青山"定价"，为九大高原湖泊流域高水平保护和高质量发展提供评价依据，为建立健全云南省生态产品价值实现机制提供有力支撑①。该方案以不受新冠肺炎疫情影响的 2019 年为核算基准年，以年度为核算周期，开展 2019 年、2020 年、2021 年九大高原湖泊流域生态产品价值核算。根据方案，到 2023 年底，云南省将构建起九大高原湖泊流域生态产品价值核算工作体系，完成生态产品价值核算，初步形成一套九大高原湖泊流域生态产品价值核算技术规范，建成一支专业化核算队伍，研究搭建九大高原湖泊流域生态产品价值核算业务化系统与信息化管理平台，开展核算结果应用和探索实践。

云南省生态产品价值核算工作呈现由点到面、由典型示范到整体推开的态势，这对于加快生态产品价值实现、全面推进乡村振兴、推进绿色协调发展具有重要意义。其中，以昆明市与大理州的生态产品价值核算模式最具代表性。2021年，昆明市由 8 个专业技术组组成实践课题组，采用直接核算和代计算量化的方法正式对滇池、阳宗海开展生态产品价值核算工作。课题组深入昆明市部分单位部门进行实地调研、数据收集、数据核算；将流域内农、林产品年产值换算成生态产品价值；以年为单位，将湿地公园年游客量、消费额进行代计算。同时与各研究院进行合作，将核算数据进行建模，对滇池、阳宗海流域生态系统进行三级分类，模型分析的结论为下一步发展道路指明方向。2022 年 4 月，大理州正式开展洱海流域生态产品价值核算探索。生态产品价值核算开始后，大理州第一时间申请专项资金，并委托技术单位开展核算工作。核算工作涉及核算范围包括洱海流域的大理市和洱源县的统计、自然资源、住建、工信、文旅等七十多个部门的千余份资料；完成整个流域生态系统分类工作，初步完成生态产品信息普查，形

---

① 云南省生态环境厅. 云南省九大高原湖泊流域生态产品价值核算工作方案［DB/OL］. 云南省生态环境厅网：https://sthjt. yn. gov. cn/zwxx/zfwj/qttz/202302/t20230224_233071. html.

成生态产品目录清单，并按照物质供给、调节服务和文化服务三个指标体系对洱海流域生态产品价值进行了试算工作。

二、坚持生态环境保护的底线，大力推进生态环境修复

云南省围绕争当生态文明建设排头兵的目标，坚守生态环境保护的底线，大力推进生态环境保护与修复工作的稳步进行。云南省以改善生态环境质量为核心，坚持结果导向，抓实精准治污、科学治污、依法治污，聚焦蓝天、碧水、净土"三大保卫战"。在生态环境修复工作中持续开展九大高原湖泊保护治理、西畴县石漠化治理、以长江为重点的六大水系保护修复，并且取得显著性成果，其做法和经验在全国具有典型性和启发性意义。

西畴县生存环境恶劣，生态环境非常脆弱，石漠化严重。西畴县坚持"西畴精神"，勇敢地向石漠宣战，向贫困宣战，经过多年的艰苦奋斗，创造了石漠化治理与"脱贫摘帽"有机结合的奇迹，解决了绝对贫困问题，2018年率先实现"脱贫摘帽"。西畴县推进"山、水、林、田、路"综合治理，实施封山育林、人工造林、棚圈建设、青贮窖、坡改梯、排灌沟渠、小水窖、田间生产便道、输水管道等工程。在石漠化综合治理取得有效成果的基础上，西畴县积极发展绿色经济，打造"林+禽""林+药""林+果"等林农复合模式，涌现出一批极具特色的产业基地。西畴县依托北回归线"黄金十字带"自然禀赋，以石山区为核心申报建设"云药之乡"的中药材产业基地，重点开发重楼、苦参等中药材，打造一批高质量中药材种植园区。大力实施以"西畴乌骨鸡"为代表，以优质水稻、八角、古树茶为特色，以猕猴桃、甘蔗、柑橘、杨梅、火龙果等为重点的"绿色食品牌"创建行动，有效助推产城融合发展。

云南省生态环境修复以"治山、护水、利民"为重点任务。昆明市西山区滇池东岸对歌山是一座过度开发的矿山，其中一些山体破坏了植被，暴露了土壤，形成了许多薄薄的山脊和孤立的岩石山，这将会侵蚀土壤，甚至造成山体滑坡。对此，昆明市政府对复垦土地的空间规划进行了优化调整，将废弃的矿区改造成生态区，复垦了2800多亩森林，打造了3000多亩城市绿地，如嵩山生态公园，有效改善了滇池流域的生态环境。同时，通过综合开发规划，复垦9000多亩建设用地来吸引众多高科技产业项目，促进了基础设施建设和周边地区的经济发展，大大创造了经济、环境和社会效益①。对长江流域（云南段），开展水生态调查评估与修复、精准解决突出水环境问题、科学溯源支撑重点水域水质改善、大力开展面源污染防治技术研究、支撑深入打好长江保护修复攻坚战、防范生态环境风险、提升驻点城市智慧治理能力七个方面重点研究任务，精准解决水生态环境问题，补齐驻点城市水生态保护修复技术、人才和能力短板，完善科学研究与行政管理深度融合的协同创新工作模式，协助地方统筹推进水资源、水生态、水环境协同治理。

三、依托多样性优势资源，打造"绿色食品牌"

云南省走高原特色农业的独特道路，扶持"绿色云品"成为省域公用品牌。云南省助力建立品牌形象标识。向社会公开征集"绿色食品牌"Logo 形象和 8 个重点产业宣传语的创意和素材，邀请国内外知名农业品牌专家及农业系统专业人士对云南"绿色食品牌"进行品牌定位、形象塑造和传播形式的针对性设计。最终以"七彩云南地·有机食品源"为主题，围绕 8 大重点产业"天下普洱、花开云南、菌秀山河、四季蔬菜、彩云坚果、小粒咖啡、道地药材、云岭肉牛"进行策划和推广宣传，面向国内外公开推出，广为宣传。建立"绿色云品"品牌目录制度。通过品牌目录遴选，把云南省安全优质的农产品品牌做成目录，打造"区域品牌+企业品牌+产品品牌"的"绿色云品"矩阵，由政府统一组织动态管理。建立品牌化政策支持体系。建立名品名企评选、宣传、推介常态化机制，持续表彰一批名品名企，树立"绿色云品"行业标杆；云南省为了推动农业转型升级，以县为基础助力产业集群发展，全力发展绿色有机产业；强化绿色食品经营主体政策激励，并且在 2020 年将奖励标准统一上调为 10%，使云南省成为全国农业领域奖励标准最高的省份；通过开辟名品名企贷款和担保的绿色服务通道、开发招商引资重点企业服务平台等措施不断改善营商环境。借助微信、短视频、微博等新媒体传播平台建立"绿色云品"营销体系，大力开展"绿色云品"的宣传推广②。

---

① 治山、护水、利民——云南生态修复治理工作取得显著成效（thepaper. cn）治山、护水、利民——云南生态修复治理工作取得显著成效［EB/OL］. 澎湃新闻网：https：//m. thepaper. cn/baijiahao_10707501.

② 云南省人民政府. 打造全省域全品类"绿色云品"公用品牌——提升"绿色云品"品牌影响力，加快打造"区域品牌+企业品牌+产品品牌"的"绿色云品"矩阵［EB/OL］. 云南省人民政府网：https：//www. yn. gov. cn/ztgg/jdbyyzzsjzydfxfyqj/fxpl/202303/t20230303_255669. html.

四、大力发展休闲旅游产业，促进生态价值与经济价值的有效转换

云南省依托得天独厚的生态、人文资源优势，建成一批以昆明、大理、丽江等为代表的国家历史文化名城；以昆明市石林风景区、丽江市玉龙雪山景区、丽江古城、崇圣寺三塔文化旅游区、中国科学院西双版纳热带植物园等为代表的国家4A级旅游景区；以昆明滇池国家旅游度假区、阳宗海国家级旅游度假区、大理古城旅游度假区等为代表的国家旅游度假区；以丽江古城、红河哈尼梯田等为代表的世界文化遗产，成为我国的旅游大省。与此同时，习近平总书记在考察云南时指出"云南旅游资源丰富，要大力发挥比较优势，大力发展旅游业"。习近平总书记的讲话进一步明确了旅游在云南产业发展中的地位和作用，为推进云南省建设旅游强省注入了强劲动力。

云南省编制专项规划，依托良好的自然生态环境和独特的人文生态系统，编制《云南省人民政府办公厅关于促进全域旅游发展的实施意见》《云南省"十四五"文化和旅游发展规划》《云南省"十四五"旅游业发展实施方案》等生态旅游规划，遵循生态容量基本规律，找准旅游开发和生态保护的最佳契合点。

（1）发展智慧旅游，大力推广"一部手机游云南"，加快云南旅游大数据中心建设，开发针对重点旅游项目的数字体验产品，同时发展新的"旅游+企业"发展模式。实施全域旅游战略，推动生态资源与休闲度假产业融合发展，围绕普洱茶文化、民族风情文化、边地文化、生态体验、健康养生、康体运动等主题，构建集文化旅游、养生养老于一体的国际性旅游休闲度假养生基地。

（2）完善旅游服务体系。为增强游客的体验感，打造一批自驾游、徒步精品旅游线路，举全省之力开辟精品旅游专线，不断优化旅游专线的道路交通情况，加强公路配套服务设施建设和通信保障服务。"绿三角"原生态旅游线路荣获中国自驾游"中线人文类"金奖，思茅区荣获国家旅游标准化示范市，景迈芒景景区被列为"中国民间文化遗产旅游示范区"。

（3）加快边境跨境旅游建设，打造跨境旅游黄金线。充分利用了沿边开放区位优势，不断加强与南亚、东南亚地区的跨境旅游合作项目，设立边境旅游试验区建设试点工作，完善21条边境旅游线路基础设施，提升出入境通关服务，加快发展边境旅游。

（4）做好项目包装，有序推进茶祖历史文化旅游项目、丽江古城、红河哈

尼梯田、西双版纳等旅游品牌，推出一批民族风情、森林观光、休闲度假、生态体验等生态旅游产品，加快特色民居客栈、生态美食、生态村等配套服务建设①。

第四节　浙江省生态产品价值实现的实践与经验

浙江省始终牢记"两山"理论的核心理论思想，坚持把恢复"绿水青山"，才能变成"金山银山"作为根本遵循。浙江省在生态产品价值实现的道路上大胆采取有力措施，持续推进生态修复，深入推进节能减排、绿色出行、"811"专项环境整治、"河长制"、循环发展、生态保护、休闲乡村旅游等举措的实施，加快生态产品价值实现的推进步伐，涌现出一批像丽水松阳县、安吉余村、安吉鲁家村等优秀旅游典范县。同时，浙江省通过实施农业全产业链建设、农村电商、金融改革（绿色金融）、林权改革、一二三产业深度融合发展、产权法律化等一系列举措，使浙江省生态价值和社会价值取得了良好效益，在生态产品价值实现上取得了明显进展和成效，对江西省乃至全国的生态产品价值实现路径提供突出的引领和示范作用，值得在全国推广和借鉴。

一、绿色金融，提供生态产品价值实现路径的基础保障

巧妇难为无米之炊，为解决生态产品价值转化过程中的资金缺口，为生态产品价值实现路径提供有力资金支持，浙江省一直先行先试，大胆探索。浙江省在农村金融方面，在防范金融风险的前提下，大力推进农村金融改革。创新出林权抵押贷款、茶园抵押贷款、GEP贷、生态贷、"两山"贷、公益林补偿收益权质押贷款、林地信托抵押贷款、村级惠农担保合作社等极具鲜明特色的新模式，探索生态产品资产证券化路径和模式。研究在有利于发展乡村旅游的地区开发新型金融产品的可能性，如住房贷款和农业贷款等，助力乡村休闲旅游开发。浙江省从2004年开始全面实施森林生态效益补偿，通过对公益生态林的建设、保护和

---

① 云南省人民政府. 云南省"十四五"旅游业发展实施方案的通知［EB/OL］. 云南省人民政府网：https://www.yn.gov.cn/zwgk/zcwj/yzf/202206/t20220613_243139.html.

管理，浙江省的森林资源正在恢复和快速增长。最低补偿标准提高了11次，从每亩8元提高到33元，县级、加快发展县及省级以上自然保护区的最低补偿标准为40元。截至目前，浙江省已拨付补偿资金200亿元，惠及255万户、817万多名林权人。2016年，浙江全面实施耕地保护补偿办法，对承担耕地保护工作的农村集体经济组织按30元/亩的标准进行补助。2020年，浙江实施湿地生态补偿制度，出台重要生态湿地生态保护绩效评价办法，省级重要湿地按30元/亩的标准予以补助。常山县通过承诺收购、优先处置、整合担保力量等形式开发的金融产品有胡柚贷、文化IP开发等十几种之多，为难确权、难抵押的生态资源增信。尤其是大量收购柚香谷的香柚树，然后将其返租。几年后企业再回购"香柚贷"，为市场主体参与生态产品价值实现给予针对性的保障，极具创新性，解决了市场主体因周期长、效率低而缺乏动力的难题。在绿色金融扶持方面，安吉县设立10亿元乡村振兴基金，与农商行、建行等签订合作协议，拓展"白茶贷""两山农林贷""两山乡居贷"等绿色金融产品。在开化县，聚焦GEP量化核算、生态价值赋权、质押备案等配套政策，开展了GEP贷、生物活体抵押融资、野生动物肇事公众责任保险等众多金融创新，将"人与自然和谐共生"的理念扎扎实实地落地。

二、生态环境治理，促进生态良性循环

作为全国优化开发区域和重点开发区域，浙江省一直面临协调生态环境和发展中经济冲突的现实问题。事实上，浙江省为了更好地将环境治理这一基础性工作做好，先后开展了诸如"一控双达标""关停十五小""大面积农村环境整治"等一系列环境污染整治的专项工作。通过这些行动，浙江省的生态环境得以明显改善，调节了生态环境保护和经济发展之间的关系。

从2004年开始，浙江省连续采取三轮"811"专项环境整治行动，每轮"811"行动的内容、侧重点不同，含义也有差异。首轮"811"专项环境整治行动，从2004年开始到2007年结束，历时三年。第一轮"811"行动中"8"的含义是浙江省的八大水系以及运河和平原河网，"11"主要是指11个省级环境重点监管区。主要聚焦于污染治理，范围包括对各重点流域、区域以及企业的环境治理，在完成首轮的"811"专项环境整治行动之后，浙江省环境得到了明显改善，污染总排放量在一定程度上得到了有效控制，为后续"811"专项环境整治行动打下了基础。第二轮"811"专项行动是 2008~2010 年，历时两年，这一轮整治的主题是环境保护，第二轮"811"的内涵发生了变化，此时的"8"代表环保的 8 个方面，"11"代表 11 项环境保护措施。主要涉及面辐射到农村生活的污水治理、城镇垃圾的处理，实现了由第一轮污染物减排到工业污染防治的转变。可以说这一轮的专项整治行动相较于上一轮的行动，整合的面更加广泛有效。2011~2015 年，浙江省开展了第三轮"811"专项行动，重点聚焦生态文明建设，主要从绿色生态、生态产业、生态文明制度建设等方面展开（郑鹏、熊玮，2019）。在生态文明建设过程中，水的治理一直是浙江省生态文明建设主抓的一部分，为了更好地治理好全省的水资源，浙江省先后采取了"四换三名""四边三化""一打三整治""五水共治""三改一拆"等行动，取得阶段性成效。为保障"治水"效果，浙江省建立并全面落实"河长制"，将具体河道责任落实到人，设立河长负责体系，逐步建立完善全省河流档案库，建好治理项目库，明确治理时间表、责任表、考核表、任务书、责任人等措施，为污水整治工作保驾护航（郑鹏、熊玮，2019）。

三、乡村旅游，助推乡村振兴战略

乡村是生态产品供给相对丰富的地区，乡村生态旅游能够推动乡村振兴（见图 6-2）。浙江省在"两山"理论的指引下，抓住生态旅游的突破口，形成了以农村电商、休闲农业、文化创意等产业新业态为重要补充的生态产品价值转化模式，通过促进全产业链发展和一二三产业融合，加强品牌建设，进一步扩大价值转化的赢利点、提高价值转化的附加值，推动乡村经济蓬勃发展，为全国乡村地区推进生态产品价值转化提供了浙江经验，也为乡村振兴战略的实施提供重要抓手（刘峥延，2021；李忠等，2021）。浙江省乡村旅游发展走在中国前列，拥有众多独具风格的民宿，农民收入中旅游贡献比逐年增加，乡村旅游成为浙江省促进共同富裕的重要路径之一。近年来，浙江省以独特的资源和龙头企业为依托，利用吴越文化、海洋海岛、水乡古镇等地理优势打造出各具独特代表的民宿、休闲旅游、乡村旅游品牌。浙江省利用旅游优势不仅带动了当地的居民收入，拉动了经济增长，还调整了浙江的产业结构（熊斌、吕佳纯，2022）。同时，政府重视维护乡村旅游发展过程中农民的合法权益，扩大农民和农村集体经济组织对乡村旅游发展的参与渠道，统筹建立合理稳定的利益分配机制，扶持农民和农村集体经济组织以"保底收益+按股分红+利润返还"等方式，共同分享乡村旅游发展的红利。

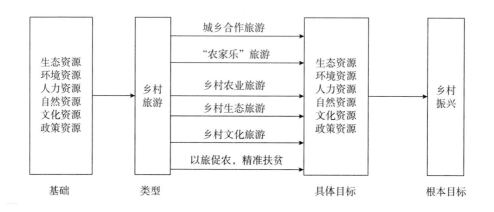

图6-2 乡村生态旅游推动乡村振兴框架示意

资料来源：刘爽，王镜涵. 多元化旅游模式推动乡村振兴的路径研究［J］. 管理观察，2018，694（23）：59-61.

浙江省鼓励对历史文化名村、历史建筑、不可移动文物等进行保护性利用，通过民间艺术表演、民风民俗呈现、非物质文化遗产展示体验、文化创意产品开发等形式，促进文化与乡村旅游产业的融合；鼓励合理利用农田、森林、湿地和水利工程等资源和设施，开发休闲观光、康复疗养等乡村旅游产品和服务，促进农业、康养与乡村旅游产业的融合；鼓励发展乡村健身休闲、山地户外运动、乡村冰雪运动等，促进体育、健身与乡村旅游产业的融合；鼓励结合乡村旅游，开展革命传统教育、科普教育，发展红色旅游，促进教育、研学与乡村旅游产业的融合；鼓励乡村旅游经营者与农民、农村集体经济组织采取合作开发旅游项目等方式为旅游重点区域以及周边乡村提供就业岗位，促进转产转业。利用良好的生态环境和丰富的历史文化遗产优势，扶持建设了一批以"生态旅游+民宿经济"为主题的旅游村镇，形成了融乡村景观、乡村生产、乡村生活、乡村建筑于一体的"丽水山居"旅游品牌，旗下农家乐民宿经营户3200多家，带动就业近4万人（刘爽、王镜涵，2018）。通过"丽水山居"的影响力，丽水市常年游客云集，民宿客房供不应求。

四、林业改革，推动林业资源变资产

浙江省深入践行"绿水青山就是金山银山"理念，依托"七山一水两分田"的自然财富，持续推进林业改革创新，提出了林地经营权流转证、林权抵押贷款、林权IC卡、珍贵彩色森林等颇具特色的开创性举措，打通"绿水青山"向"金山银山"的转换通道。

（1）加快林业流转机制改革。浙江省在全国率先推行林地经营权流转证，通过向符合条件的经营主体发放林地所有权流转证，将林地承包权留给林农，有效落实所有权、承包权和经营权的分配制度，为深化林权改革开辟了新的路径。2013年，浙江省龙泉市通过推行林地经营权流转证，成为首个引入林地经营权流转制度的试点项目。浙江省在龙泉市林地流转日趋成熟的基础上，在浙江省范围内探索林地所有权、承包权和经营权"三权分置"的发证制度试点。在龙泉市推行后不久，浙江省全省开始采用这一制度，颁发了林地经营权流转证。

（2）林业传统产业转型发展。在全国首推县乡一体化森林碳汇管理工作模式，开发一二三产相融合的国家储备林项目，建立浙江省独特的林业惠民模式。聚焦林业产业链、竹产业链、中药材健康产业链和生态产品价值转化四大重点，开辟林业营销新渠道；挖掘千岛湖流域生态影响力，建成全省首个林产品严选体验馆，积极推进林产品的品牌化发展。同时，以"乡土化、珍贵化、乔木化"为原则，加快高价值彩色森林建设，重点开发材质优良、市场价值高、培育前景好的农村珍贵木材资源，旨在提高森林质量，增加珍贵木材资源战略储备。结合土地整治和重大突破，重点打造与群众生活密切相关、交通便利的重要区域，主要是交通公路两侧、河流两岸、城镇周边、风景名胜区、森林公园、山地甲虫袭击前沿等，实行沿路连片的总方针，力求打造集景观、林分改造、生态营养于一体的系列彩林。按照"县域景观林、城市示范林、农村村庄林"的要求，通过抚育间伐、林相改造、补植阔叶和彩色树种等措施，发展高价值的示范林和样板林，并充分利用责任林业技术推广体系和专家体系，因地制宜，创建出符合当地实际的高价值彩色森林建设模式，总结林业样板，积累经验[1]。

---

[1] 莲都区人民政府.莲都区坚持"四项原则"建设好彩色健康森林［DB/OL］.莲都区人民政府网：http://www.liandu.gov.cn/art/2015/7/8/art_1229369547_58972739.

五、经济建设，助力绿色、循环、低碳发展

绿色发展、循环发展、低碳发展是生态产品价值实现的内在要求和题中之义，着重解决的是生态产业化和产业生态化的问题，力争全面打造绿色产业体系。从理论上来看，构建生态产业体系，可以探索以下四种具体路径：一是内生路径，变生态优势为产业优势，生态优势地区可以充分利用生态优势，释放生态红利，增值生态资产，提供生态产品，满足人们对生态产品的需求，依靠自身优势实现生态产业化。二是外引路径，从建立和完善产业准入负面清单入手，因地制宜地引入生态产业，如生态旅游业、大健康产业、休闲疗养业等，借助外部力量实现生态产业化。三是"整体提升"路径，对现有产业进行改造升级，使之生态化、绿色化，可以从改进生态工艺、控制污染排放等入手，实现产业生态化。四是"腾笼换鸟"路径，对于无法实现生态升级的落后产业，要及时淘汰，为新兴生态产业提供发展空间，化解产业发展的生态风险（郑鹏、熊玮，2019）。

长期以来，浙江省坚守"在保护中发展，在发展中保护""保护是为了更好的发展"的理念，在加强对生态环境保护的同时，积极转变经济发展方式，推动经济发展方式向绿色、循环、低碳发展方式转变，探索高速增长的经济模式向高质量发展的经济模式转型。在产业布局上，浙江省着力在生态农业、生态旅游业布局的同时，还大力推动绿色企业、环保企业的发育和发展，加快推广清洁能源的普及使用；在政府支撑上，把"911"行动、"733"工程及"4121"工程作为抓手来夯实生态产业发展的基础，在各重点生态功能区采取加大对循环农业的财政补贴金额的举措，提高相应补偿力度（郑鹏、熊玮，2019）。

第五节　其他省份生态产品价值实现路径对江西的启示

通过对福建、贵州、云南、浙江等省份生态产品价值实现路径中的优秀举措和成功典范进行梳理、归纳和总结，可以从产业层面、制度层面、策略层面等提出对江西省生态产品价值实现路径探索的几点启示。

一、坚持"全方位"制度创新

"无规矩不成方圆"。从其他省份的经验来看，其他省份都把制度创新放在首位，顶层设计和政策制度安排工作极其优秀，可见生态产品价值实现离不开制度创新，而要想创新得好，就要全面、全方位创新。如福建省与贵州省生态补偿制度的创新、福建省与云南省生态产品价值核算制度创新；福建省与浙江省的林业改革。由此可见，其他省份都狠抓"全方位"制度创新，把制度创新作为生态产品价值实现的发展之先、发展之基、发展之要。江西省要汲取经验，坚持"全方位"制度创新。江西省要构建全过程、系统化生态文明制度体系。要尽快制定生态产品价值实现机制的指导参考意见，明确生态产品价值实现机制的总体要求、重点任务、实现路径，推动开展体制机制创新，提供政策指导和资金保障，指导地方实践，更好地推进"绿水青山向金山银山"的转变。在制度创新上要始终坚持以体制机制改革为重点，建章立制狠抓落实，明确责任分担。持续推进环境保护与监管、促进绿色产业发展、环境治理和生态保护、全过程生态文明绩效考核和责任追究等六大制度体系建设。建立富有特色的源头严控、过程严管、后果严惩的全过程、系统化生态产品价值实现的制度体系（汪晓莺、徐步朝等，2020）。

二、坚持经验借鉴和自主探索相结合

生态产品价值实现，要因地制宜选对路径，坚持经验借鉴和自主探索相结合。自党的十八大以来，全国各地都在积极探索实践"绿水青山"通往"金山银山"的路径，虽然各个地区都取得了引以为傲的成绩与拿得出手的优秀典范案例，但是每个地区都有各自不同的自然地理、生态环境、风土人情、风俗习惯等特征，经济发展阶段也不尽相同。其他省份都探索出了适合自身发展的生态产品价值实现之路，福建省根据自身丰富的森林资源发展了森林银行，将林业局、林改办、资产评估中心、数据信息管理中心整合，为林农开办高效的一站式营业服务窗口，直接一个窗口一站式办理。贵州省抓住大数据浪潮，搭大数据和科技的"顺风车"，将大生态与大数据进行融合发展，建立数据信息平台中心，使贵州省走高质量发展之路。云南省依托丰富的自身资源优势，大力发展以丽江古城、西双版纳、昆明、大理为代表的旅游产业，成为我国的旅游大省。浙江省根据自身发展情况，持续推进林业改革创新，提出了林地经营权流转证、林权抵押贷款、林权 IC 卡、珍贵彩色森林等颇具特色的开创性举措，搭建绿水青山与金山银山转换的有效桥梁。鉴于此，江西省在选择生态产品价值实现路径上不仅要重视协调发展与保护的关系，还必须要谨慎效仿，切忌为生态而生态，急功近利，一哄而起。要学会因地制宜、找好切入点，避免发展劣势，利用好自身优势，将其发展为核心竞争优势。

三、生态产品要实施品牌战略、标准化管理

要加强生态产品品牌建设，把实施生态产品品牌战略作为深化生态产品供给侧结构化改革的重要抓手，把品牌建设放在更加突出的位置，持续推进生态产品特色化、精品化、品牌化、标准化。生态产品要实施品牌战略、标准化管理最重要的是要加强品牌整合力度，将小品牌、散品牌、弱品牌整合成区域性生态产品大品牌，进行标准化管理，统一宣传，扶持生态产品大品牌成为区域内规模优势（刘峥延，2021）。同时，为了保证生态产品的质量，保障产品品牌安全监管到位，要保证标准化管理，构建质量追溯制度。例如，云南省的哈尼梯田红米、"稻田鸭"、普洱茶等，浙江省对发展高效生态农业、绿色产品的重视程度等。鉴于其他省份的成功经验，江西省在推进生态产品品牌标准化建设时可以设立相应的宣传平台，对重点生态功能区的特色农产品或区域性品牌进行广泛宣传，扩大产品品牌的知名度，打通生态产品的销售渠道，实现生态产品价值最大化。围绕重点绿色产品领域，江西省可以推进区域公共品牌建设进度，支持龙头企业创建绿色产品品牌，提高品牌质量，促进品牌标准化生产。探索制定专属于江西省的绿色、有机农产品的生产标准和检测标准，加快建立生态旅游、森林康养、避暑疗养、温泉养生等产业的标准体系。

四、突出生态产品价值实现的问题导向

根据资源有限性原理，任何资源都不是取之不尽用之不竭的，我们应该将有限的资源发挥出最大的效力。在生态产品价值实现路径过程中，为了更好地运用市场机制促进生态文明建设，各地各级政府要找出生态产品价值实现的突出问题，集中有限资源加快补齐生态产品价值实现路径中的突出短板；突出创新导向，实现顶层设计与地方探索实践间的良性互动。

五、强化绿色循环低碳的生产方式

生态产品价值实现离不开碳达峰碳中和战略，为了更有效促进生态产品价值实现，要加快构建绿色循环低碳的生产方式，培育绿色发展新动能。首先要提升传统产能绿色化水平，坚决取缔和淘汰落后产能，大力发展全清洁能源。其次要培育绿色发展新引擎。同时要强化绿色发展科技支撑。把绿色发展的基点放到创新上来，加快绿色科研成果转移转化、产业化步伐和示范推广。最后要强化绿色金融制度设计。通过梳理、总结其他省份绿色低碳的做法，发现其他省份对森林、林业、环境保护与修复都相当重视，例如，福建省全力推广的森林生态银行，绿色发展考核评价体系；贵州省"林业+"发展与林下经济的发展，赤水河流域水污染防治生态补偿；云南省的"治山、护水、利民"；浙江省林业流转机制改革、三轮"811"专项环境整治行动、河长制等。其他省份对生态环境保护与修复所做出的努力都取得一定成效，例如，云南省对九大高原湖泊保护治理、西畴县石漠化治理、以长江为重点的六大水系保护修复；浙江省的林业改革和国家储备林项目等都是为绿色、循环、低碳所做的努力，为早日实现双碳目标贡献自身力量。从其他省份的经验与做法来看，江西省也要重视林业发展和保护、生态环境的保护和修复、居民生活方式的引导，加快构建并鼓励居民发展绿色、循环、低碳的生活方式。

六、加大生态产品价值的生态补偿力度

通过梳理、总结其他省份在森林、环境、河流、产业发展等各方面的生态补偿政策上的不断优化和进步，江西省要结合自身生态补偿的实际，结合其他省份的有效经验，在职能集中、多样化、全面和重点相结合以及可操作性四个方向上持续发力（郑鹏、熊玮，2019）。坚持生态优先，绿色发展，才能把绿水青山变成金山银山（生态产品价值实现的路径、机制与模式研究课题组，2019）。首先，生态补偿组织保障体系要面向多层次、走向多形式、趋向多领域，形成取长补短、优势共享的多元互动模式（郑鹏、熊玮，2019）。其次，要加快建立和完善生态补偿标准体系，根据不同主体功能区、不同对象、我国补偿政策进展和自身发展情况的特点，完善补偿测算体系和测算办法，坚持"谁污染，谁治理""谁受益，谁补偿"的原则，分别制定科学的生态补偿标准。将生态补偿工作成效纳

"双碳"背景下江西生态产品价值实现的重点任务与多元路径研究

入地方政府的绩效考核，完善结果的运用制度，做到有计划、有措施、有检查、有考核、有奖惩，确保生态补偿工作规范化、常态化和长效化（郑鹏、熊玮，2019）。再次，要加快推进跨地区、跨流域补偿，坚持系统思维，从全流域生态环境保护修复出发，创新治理技术、健全体制机制，注重把生态优势转化为发展优势、把资源优势转化为经济优势，让人民群众共享生态红利。最后，省级部门积极引导社会资金的加入，组织各领域专家共同商讨生态补偿的修订、成果考核以及具体细则的制定等工作（生态产品价值实现的路径、机制与模式研究课题组，2019）。对于组织机制中生态补偿途径如何选择，要根据具体情况具体分析，如表6-3所示。

表6-3　生态补偿的政府途径和市场途径

途径种类	政策工具	主要含义
政府手段	财政转移支付政策	基准定位于各个政府存在的财政上的能力差异，致力于将财政差异缩小并实现平衡，实现均等化的公共服务，分为纵向和横向财政转移制度
	专项补偿基金	为开展生态补偿建立的一项特殊基金，用于生态保护和建设行为进行资金补贴和技术支持
	生态建设重点工程	政府通过直接实施重大生态建设工程来对项目区的政府和公众提供资金、技术等补偿
市场手段	生态环境补偿费	对破坏者采取收费措施旨在削弱对环境的破坏程度。主要用于资源的管理和保护等，体现资源的价值
	排污收费	主要是对污染、排污者的排污行为进行收费，是我国应用最广泛的一种方式
	生态（环境）税	中国目前还没有纯粹的生态（环境）税，但是现行税制中有许多关于生态环境保护的条款，也有如资源税等专门税种
	排污权交易	根据污染物排放总量发放一定数量的排污许可证，并通过市场交易许可证，来达到保护环境的目的
	"一对一"交易	主要用于补偿主体与对象明确，双方互相达成协议的情况。对于跨省中型流域区、城市饮用水水源地和辖区小流域的生态补偿问题比较适用
	碳汇交易	利用碳汇清洁发展机制开展国际间的碳汇交易
	生态标记	可以将其视为生态功能区生态补偿创新下的一种政策应用工具

资料来源：刘江宜.可持续性经济的生态补偿论［M］.北京：中国环境出版社，2012：72.

· 152 ·

第六节　本章主要观点

梳理福建省、贵州省、云南省、浙江省生态产品价值实现路径的实践探索经验，尤其是顶层设计、制度框架、主要政策举措、措施调整等，对江西省完善和优化生态产品价值实现路径具有重要参考价值。通过分析福建省、贵州省、云南省、浙江省四个省份可复制、能推广的生态产品价值实现路径的优秀典范，为江西省下一步生态产品价值实现路径指明方向，带来启示。研究结论发现有：

（1）四个省份在生态产品价值实现的路径上，都重视生态环境的治理保护工作，重视生态补偿机制的持续创新。在具体方法上，既有相同举措，又有不同的做法，但是四个省份都根据自身目标定位、资源禀赋、经济社会发展状况，探索出既符合自身实际，又行之有效的生态环境治理举措，同时还为其他地区的生态环境治理提供了丰富的经验和智慧。

（2）四个省份在林业产业下足功夫，创新出符合自身情况的方法举措，具有不同的特色和亮点，并且也都取得优秀的成绩。如福建省的森林生态银行，浙江省的林地经营权流转证、林权抵押贷款等。这些做法和经验，既体现出各地各级政府对"绿水青山就是金山银山"的深刻认知和觉悟，又体现出生态产品价值参与者的创新智慧。梳理和总结其他省份开展生态产品价值实现的林业创新实践经验，对江西省进一步开展林业改革，加快建立生态产品价值实现机制具有重要参考价值。

（3）其他省份重视生态产品价值转化，以品牌建设为纽带，积极打造品牌战略，提升生态产业链价值。浙江省高效农产品突出生态产品设计，提升生态空间品质，突出绿色有机的理念，打造品牌化的生态农产品。同时，在生态产品价值转化路径中始终建立完善的制度保障机制，做好后续保障支撑工作，坚持多元化、多形式、多主体的发展模式。

（4）其他省份生态产品价值实现实践中善于搭科技的"顺风车"。在生态产品价值实现路径上充分利用各种高信息技术提高农产品的高质量化、高自动化，打造现代生态产业。如贵州的大数据生态、云南的生态产品价值核算、浙江生态农业中的数字化场景应用等充分利用互联网、物联网、生物技术、大数据、区块链等技术实现物流、信息流、资金流等的快速通道，科技发展为推动生态产品价值实现提供了有力的技术支持和根本保障。

在总结研究结论的基础上，本章提出了其他省份重点生态功能区生态产品价值实现的实践路径对江西省的六点启示：①坚持"全方位"制度创新；②坚持经验借鉴和自主探索相结合；③生态产品要实施品牌战略、标准化管理；④突出生态产品价值实现的问题导向；⑤强化绿色循环低碳的生产方式；⑥加大生态产品价值的生态补偿力度。

第七章 "双碳"背景下江西生态产品价值多元实现路径的支撑保障体系构建

2020年12月12日，在联合国气候峰会上，中国作为负责任的大国承诺力争在2030年前实现碳达峰，到2060年前实现碳中和的目标。我国碳交易市场正处于快速发展的黄金时期，碳排放量巨大。因此，在大力减少碳源排放的同时，积极提高碳汇能力是实现"双碳"目标的必然要求。与此同时，自党的十八大以来，我国正在积极探索推广"绿水青山"转化为"金山银山"的路径，并且陆续选择具备条件的地区来开展生态产品价值实现机制试点。生态产品价值实现是我国生态文明建设的重要内容之一，是助推"双碳"目标实现和地区经济高质量发展的重要手段之一。早日实现"双碳"目标，既是我国生态产品价值实现的必然要求、经济社会全面绿色转型的重要抓手，也是我国积极应对气候变化大国担当的重要体现。

江西省生态资源丰富、山清水秀，在生态产品价值实现的道路上坚持绿色发展理念，围绕"示范先行"的目标定位和"五个先进"的更高要求，构建绿色发展格局，深入践行"绿水青山就是金山银山"理念，加快探索生态产品价值实现多元路径，努力将生态优势转化为发展优势，推动江西经济社会发展全面绿色转型，为持续深入推进国家生态文明试验区建设、以更高标准打造美丽中国"江西样板"提供重要支撑。与此同时，江西省作为我国经济大省，是能源消耗大省和碳排放大省，是我国碳减排的重点区域和潜力区域。因此，构建"双碳"背景下江西生态产品价值多元实现路径的支撑保障体系，明确生态产品价值实现机制，既有助于江西省"双碳"目标的早日实现，又能为江西省下一步生态产品价值实现的具体做法指明方向，更有助于江西省同步实现生态环境与经济社会高质量发展，为全国提供标杆和示范。

通过以上分析可知，为确保"双碳"背景下生态产品价值多元路径的实现，要充分利用市场和非市场"两只手"来推动江西省生态产品价值实现和绿色发展。江西省需要构建与完善一系列保障机制，包括生态保护与环境治理机制、互联互通基础设施机制、绿色金融机制、市场化服务机制、科技人才机制、绿色技术创新机制等，助力生态产品价值多元路径的实现。

第一节　构建生态保护与环境治理支撑体系

自然环境是人类的生存基础，与人类的发展息息相关。在全球为了实现最大化的经济利益，人类开始不顾环境，以牺牲环境为代价大肆去开发，乱砍滥伐，毁林开垦，建厂。无节制地利用生态，导致生态环境遭到不可逆转的破坏，最终造成大量的水土流失、土地沙漠化、大气污染，使大气、水质、土壤污染日益严重，每年洪水、狂风暴雨等极端恶劣天气屡见不鲜，严重破坏了自然生态平衡。目前，人类已经意识到自然资源即将面临枯竭的困境，明白环境与经济之间紧密联系，经济可以通过环境带动发展的道理。

因此，江西省要树立绿色发展理念，环境保护与经济发展同时抓，决不以牺牲环境为代价发展经济，妥善处理好发展与保护之间的关系，严格划定生态保护红线并加强监管，以守住"蓝天碧水青山"为重要抓手，遵循自然生态的整体性，统筹开展环境、生态、水资源的综合整治工作，实施生物多样性保护重大工程以及垃圾生态化处理、污水集中治理等项目，积极探索构建人与自然和谐共生的美好图景。

一、明确职责分工，完善监督管理

首先，要确定明确的目标和清晰的范围，以达到最佳效果。以生态环境改善和绿色低碳发展为宗旨，以特色产业的运营为依托，把生态环境优势变为发展优势，促进区域整体价值提升，建立"生态环境治理+产业发展"一体化生态经济体系，实现区域协调发展，确定具体实施范围并依法依规开展试点工作。其次，创新体制机制，形成制度保障。各设区市的生态环境部门联合相关部门，定期对试点项目的实施情况进行评估，并建立长效监管机制，开展定期调度和现场检查，科学评估实施成效，对进度滞后、实施有偏差的项目进行"一项一策"的加强督导，以解决难题，制定配套政策措施，形成政府主导、行业自律、企业主体、公众积极参与的格局。最后，通过协同合作，共同推进治理工作。坚持问题导向，聚焦重点区域、突出薄弱环节，探索有效措施，完善政策措施，确保试点工作取得实实在在的成效。以生态系统的整体性为出发点，以生态环境治理的目标为导向，系统地规划和全面地推进。确立明确的职责，将责任明确到人，加大政策支持和资金投入，强化监督、考核和指导作用，建立高效有力、部门协调的工作机制，激发全社会的参与热情。

二、打好"蓝天碧水"保卫战

环境问题是重大的民生问题，要重点推进环境污染防治，提升生态环境质量。由于大气、水等污染日益加剧，直接影响到了老百姓的身心健康。江西省采取的措施要确保标本兼治，持续改善大气、水等污染状况，满足老百姓对新鲜空气、清洁水源等的需求。

（1）打响净空、净水攻坚战。净空攻坚战要对火电、钢铁、水泥等重点行业排放进行严格控制，狠抓巡查和检测；对于污染严重的企业要敢于叫停，责令整改，整改不合格的或者污染严重超标的企业要进行产业转移。同时也要切实抓好建筑施工、矿山开采环保设施建设，有效降低粉尘污染。另外，要对农村秸秆燃烧进行专项整治，一靠教育宣传引导，二靠监督惩罚。净水攻坚战需要做到以下几点：首先，净水攻坚战要完善更为严格的水资源管理制度，加强水源地和岸线保护，保障水安全，坚持探索全面提高水环境质量，确保一湖清水注入长江。其次，要全方位实施河流治理方案，全面推进落实"河长制"，对主要河流上流及周围两公里内的涉水企业、化工企业进行重点整治，制定严格的水污染排放规定。成立督察小组，对涉水企业、化工企业进行不定期抽查检测，对抽查检测中发现的环境违法行为，决不手软，力争从源头遏制新污染源的产生。再次，加强顶层设计，使用经济、技术和行政等多种手段进行综合治理，全方位保护山上山下、陆地水面以及流域上下游，对其进行逐步系统恢复并不断提升生态功能。最后，不仅要加强河湖管理保护，更要加强饮用水水源地环境保护。划定饮用水水源保护区，开展水源保护工作，为城市储备备用水，为广大农村创造安全用水，全面推进农村污水"分散式""渗技术""水生态"等处理模式。对饮用水违法问题进行排查整治，建设污水处理设施并且严格要求达标排放，力争全面消除监测断面劣V类水。

（2）开展农村人居环境整治行动。为进一步提升农村生态环境质量，推进城乡垃圾一体化处理改革，在农村、社区、机关单位大力推行垃圾分类，探索垃圾处理资源化、减量化、无害化的有效途径。积极开展秸秆综合利用，推广秸秆腐熟还田等技术，并在江西省范围内开展农村环境连片整治示范工作，进一步加大工作力度，深入推进农村沼气工程，促进饮用水源地、污水和垃圾处理、畜禽养殖污染防治、历史遗留重金属污染治理、农村面源污染防治等指标全面达到环保标准，激发农村生态创建的积极性，有效改善村容村貌，保护生态环境。科学引导畜禽养殖，调整优化畜禽生产布局，推行生态化养殖，农村畜禽粪便、农作物废弃物等污染得到有效控制。支持设立小型实用技术研究创新平台，结合作为农业大省的实际，积极开展农村面源污染监测和防治技术、农村小型生活污水处理技术、畜禽养殖污染防治技术等多方面实用技术的研究和创新，为全国其他同类省市生态文明建设积累经验提供示范。

（3）着力改善城市环境质量，打响城市环境质量提升攻坚战。改善人居环境与提升城市服务质量有机结合，依托其资金、技术等优势，大力解决旧城区拥挤、绿化差、休闲场所少等问题，提升城市品位，增强人民群众的幸福感和获得感，共享生态文明建设成果。继续大力实施棚改工程，推进城市建设与城镇棚户区改造、老旧小区更新、市政道路及公共设施改造、公共绿色空间建设、省级森林城市建设等工程。在出行方面，鼓励市民积极参与绿色低碳生活，鼓励居民减少自驾车，全面推行新能源汽车，规范管理共享单车，宣传利用地铁、公交等公共交通方式绿色出行。为居民建立可记录绿色出行的碳出行平台，对于绿色低碳出行给予公益、商业和政策鼓励性等激励，进一步推动绿色生活方式成为公众的自主选择。

（4）积极探索碳中和。江西省要持续建设碳汇林，探索"碳中和"。森林碳汇的发展，对实现"碳达峰、碳中和"目标具有重要意义。同时，江西省要探索碳排放权交易市场建设。按照国家碳达峰、碳中和相关要求，持续深化碳排放权交易试点,加快江西省碳排放权交易中心建设,主动融入全国统一的碳交易市场。完善碳排放权配额分配方案和交易制度,建立全省重点企业碳排放权交易配额分配、履约、清缴系统平台,健全碳排放权交易市场管理体系、交易管理制度体系和技术支撑体系。

三、稳步推进生态修复及价值提升工作

江西省有色金属、稀土等矿山产业比较多,容易产生大量污染,造成生态系统的破坏。江西省在全省范围内实施生态修复及价值提升工作,不仅能有效防范生态环境风险,还能创新生态修复机制,发挥示范引领作用。江西省要在尊重自然地貌的基础上,科学合理布局,通过修复受损的生态系统,改善自然环境质量,恢复和重建受损的生态系统功能,降低自然灾害的发生频率和强度,提高生态系统的抗灾能力和恢复力,促进生物多样性保护和生态平衡,保障社会的稳定和可持续发展,实现生态产品价值提升和价值"外溢"。同时,江西省还要解决过去资源过度开发带来的生态环境问题并遏制生态环境恶化趋势,积极创新实施路径,探索有利于"生态环境治理+产业发展"的生态修复机制,提升区域价值,实现以机制创新引领绿色发展的重大突破。

(1)要完善生态修复制度体系。首先,制定全面、系统的生态修复规划,包括生态环境保护和修复的目标、范围、时序和具体措施。将生态修复纳入土地利用总体规划和城乡规划,确保生态修复工作与经济社会发展相协调。同时,为更有效地深入推动采取市场化方式进行废弃矿山生态修复工作,要督促指导各地加快编制全域废弃矿山生态修复实施方案,做好项目实施与验收指导,力争早日完成江西省废弃露天矿山生态修复。其次,建立综合的生态修复规划和管理机制,协调各相关部门和利益相关方的合作。该机制应涵盖土地、水资源、森林、草原、湿地等不同生态系统的修复,促进资源的综合管理和可持续利用。最后,加大对生态修复的资金支持和投资力度,建立健全资金筹措机制和投资激励政策。吸引社会资本参与生态修复项目,形成多元化的资金来源,并确保资源的合理配置和利用效率。

(2)要扎实推进利用市场化方式进行矿山生态修复,确保矿山高质量利用,减少污染,减少碳排放,推动绿色发展。突出自然生态保护优先,按照"谁修复,谁受益"的原则,鼓励和引导社会资本投入矿山修复,探索废弃稀土矿山生

态治理，实现生态价值转换新路径。大力推进江西省内重要生态系统保护和修复重大工程，注重对自然生态的整体保护。严格划定生态保护红线并加强监管，对重污染企业进行产业转移，整厂搬迁。按照"整体保护、系统修复、综合治理"的理念，大力实施生态保护和修复重大工程。

（3）要实施森林质量提升工程，使森林资源保护实现从以往侧重数量到现在侧重森林质量的提升转变。一方面，抓好低产低效林改造，全面提升林地产出率和森林生态系统的服务功能，着力构建健康优质的森林生态系统；另一方面，对退化林进行修复，做好森林抚育工作，进一步创新林政管理体制，全面推动"林长制"的有效发展。

四、完善生态环境监测调查体系

开展生态环境监测调查不仅能保护环境，保护人类健康，还能有效追踪寻找到污染源，提供污染变化趋势，为实现监督、管理、控制污染提供依据，充分发挥生态环境监测的支撑、引领、服务作用（甘杰、谢培，2022）。

（1）科学布局生态环境监测网络。生态环境监测网络要突出重点，按照各地实际情况划定出符合自身发展的监测重点区域范围以及监测类型，例如，将自然保护区、重点生态功能区以及重要饮用水水源地等划入重点监测范围。将传统的生态环境监测与现代生态环境监测相结合，在疑难、复杂、重要的环境监测项目中，不能抛弃传统的手工监测，要利用好手工监测和自动监测的高效融合，防止自动监测出现错误。要建立多部门合作机制，将各部门的优势进行整合，协同开展环境监测工作，推动生态环境监测的准确性、科学性发展。进一步强化水质、空气、环境、土壤等环境的风险预警系统，提高风险预警系统的准确性与及时性，在突发事件发生后，帮助快速、准确地判断成因，锁定问题来源，及时处理。

（2）利用技术创新助力生态环境检测能力的提升。利用技术创新，丰富生态环境检测的技术装备，加快便携、快速、高精度的自动检测仪器的研发和推广工作，让生态环境监测工作变得更高效、更准确、更自动化发展。完善数据检测、储存、分析的功能，丰富数据价值，解决数据不足、不准确、不匹配与不及时的问题，强化数据的关联分析与精准推送，提高环境监测部门之间的工作效率，为建立独立、权威、高效的生态监测调查体系和数据共享机制提供基础支撑。同时，要重视借鉴国外经验。我国对生态监测的研究起步晚、基础差、底子较为薄弱，经验没有国外发达国家丰富，江西省要汲取借鉴一些操作性强的指标、方法和技术路线等成功经验，充分利用先进技术，加强自身生态环境监测建设，全面提升生态环境监测自动化、标准化、信息化水平。

（3）加强质量监督。完善生态环境监测数据质量保障责任体系与质量控制体系。为了保证监测数据的准确性和真实性，要保持生态环境监测调查机构的独立性。相关部门要加强对监测机构的监督检查，对于篡改、伪造监测数据的监测机构及相关负责人要进行处分，对于违法排放污染物的企业要严肃查处，敢于叫停整改。开通群众举报渠道，鼓励群众敢于举报。经核实属实的违法污染行为，对举报群众给予一定的奖励。与此同时，相关部门也要进一步完善绿色统计调查制度，制定环境法规标准规划等，积极开发更多更好的具有前瞻性、导向性、综合性的统计方式，为生态环境检测调查提供基础保障。

第二节 完善互联互通基础设施支撑体系

完善高质量互联互通基础设施，有利于稳定和扩大有效投资，有序推进重大项目的合作建设，促进全球经济增长动能；完善高质量互联互通基础设施，有利于增强交通网络的安全性、开放性和可靠性，促进全球产能合作，降低物流成本；完善高质量互联互通基础设施，有利于促进全球产业链、供应链的稳定和畅通，提升经济增长效能。

江西省以生态产品价值实现为目标，充分利用区位优势，大力建设以铁路、公路为骨干的综合立体交通网络，高效串联景区、农产地、园区。加快"四好"农村路、旅游步道等慢行系统建设，打通生态产品供给"最后一公里"，畅通微循环。加强农产品绿色通道建设，畅通农产品流通。加快农村信息化建设，推进城乡信息融合发展。通过搭建互联网络基础设施、健全生态产品调查体系、完善生态产品价值核算与评估机制、构建生态产品市场交易体系、健全生态产品价值实现法律保障制度等措施帮助江西省早日在生态产品价值实现方面取得突破性进展，更上一层楼。

一、健全生态产品调查体系

我国在资源生态环境领域的统计、调查和检测制度尚不完善，没有建立相应的绿色统计调查和检测制度。生态产品类型复杂，涉及管理部门众多。因此，部门之间的统计数据不仅不一致，而且数据阻塞和数据战斗现象严重，无法及时共享。时效性差严重制约了生态资源动态变化的及时准确反映，从而制约了生态产品价值核算的进展。因此，有必要完善生态产品调查制度，提高基础数据和信息的规范性、完整性、准确性和及时性，为生态产品价值实现保驾护航（"生态产品价值实现的路径、机制与模式研究"课题组，2019）。

（1）加快健全生态资源产权制度，深化自然资源资产管理体制改革，助力生态产品价值实现。首先，明晰生态资产产权。划分清楚各类自然资源的所有权、使用权、经营权等权利；构建分类合理、内容完善的自然资源资产产权制度，全面推动开展省域国土空间内的自然资源确权登记，清晰界定自然资源资产的产权主体，摸清江西省全民所有自然资源资产家底。其次，统一确定权属界线，划分主体范畴，包括转让、出租、抵押、继承、入股等权能的统一界定，适度扩大权能（沈辉、李宁，2021）。再次，开展登记颁证，打造产权登记平台，将所有自然生态空间确权登记在册，搭建产权确权数据库，形成统一的确权数据网。形成产权明晰、界线分明和严谨有效的自然资源确权登记制度。最后，加快江西省国土空间基础信息平台建设，保障自然资源资产信息数字化、标准化，为后续核算评估提供数据支撑。

（2）江西省要建立省内生态产品目录。通过开展产业化生态产品信息清查，对自然资源进行确权登记。摸清如美学景观、旅游康养、生态文化等生态产品数量分布、质量等级、功能特点、权益归属、保护和开发利用情况等信息。探索构建生态产品的网格化监管体系。根据各类生态产品的种类或分布等关键特质将全省划分为若干监管网格，逐一明确责任人、重点监管对象，划分监管网格等级，落实形成监管方案和监管档案。

（3）完善自然资源资产监管系统。利用动态遥感监测技术，在自然资源确权登记成果基础上，依托已有的全省大数据平台，整合土地、矿产、测绘、地质、森林、草原、湿地、水资源等自然资源要素及管理数据，开展生态产品动态变化监测试点，构建全省"一张网、一张图、一套实时动态数据"的自然资源资产信息数据库及综合管理系统，精准掌握全省重点区域各类自然资源变化情况。

二、完善生态产品价值核算与评估机制

科学而合理的生态产品价值核算，是实现生态产品价值的前提和基础。由于生态系统的复杂性和生态产品价值的多维性，生态产品价值难以精确评估，进而使生态产品价值的货币化评估更困难。江西省要在现有 GEEP 与 GEP 核算方法体系基础上，探索制定全省统一的生态产品核算指标体系、技术规范和核算流程，确保生态产品的核算方法和评估标准具有科学性和可比性；建立生态产品核算技术规范和核算流程，确保核算过程的透明、可靠和可复制性；统一数据来源和处理方法，确保核算结果的准确性和可信度；根据实践和科技发展的需要，不断修正和完善生态产品的核算方法；结合地区特点和发展需求，灵活调整核算指标和评估方法，确保核算结果与实际情况相符。科学核算评估生态产品价值，摸清"绿水青山"家底，为生态产品价值实现筑牢根基。

（1）制定生态产品价值核算标准，确保生态产品核算方法规范化。首先，核算对象单位标准化。针对生态产品类型，对不同生态产品的功能分类并按类别分别打分，并且设立标准额度，确定标准指标，再根据各地区的实际进行调整，将核算对象统一标准化，从而有利于价值的确定。其次，深入研究现有的核算方法，目前多地主要采用生态系统生产总值（GEP）核算，通过对比不同地区和部门间的方法差异，借鉴成果经验，优化核算方法并推广使用，扩大核算的区域，逐步形成标准、规范、统一的核算方法，确定生态产品的价值核算体系框架。

（2）加快建立覆盖各级行政区域的生态产品价值核算统计报表制度，保证生态产品核算数据完整性。首先，由于生态产品类型较为复杂，需要明确生态产品类型。其次，随着我国信息技术和科技水平不断提高，生态产品种类随之增加，就使得构建生态产品总值核算数据标准化收集体系成为必然趋势。依托省"生态云"大数据平台，建立动态化数据管理制度，及时更新生态产品的数据信息，启动生态产品信息数据共享平台建设。最后，结合各区域不同情况，进行省市（县、区）域层次划分，建立不同级别的行政数据库，保证层次结构性，最终形成完备的生态产品数据库，促进数据的整合贯通，提高基础数据的可信度。

（3）实施生态产品价值实现考核制度。探索生态产品价值核算年度目标考

核，将生态产品价值指标纳入高质量发展综合考核指标体系，并使其作为领导干部考核评价的重要依据。对在任期内造成生态产品价值严重下降的党政领导干部，依法依规依纪问责，建立考核机制，促进生态产品价值实现。

（4）构建生态产品价值评估标准。积极衔接全国重要生态系统保护和修复重大工程规划等内容，运用物联网、人工智能、大数据等前沿技术，探索形成基于生态系统重要性的生态产品价值评估标准，并根据市场交易实情逐步修正完善。组建生态产品价值第三方评估机构，依据"谁评估，谁担保"的原则，探索制定村镇层级和项目层级的生态产品价值评估细则，逐步完善资质审查、技术规范、评估流程、结果建档等方面的具体实施办法。

三、构建生态产品市场交易体系

市场交易是生态产品实现生态产品价值的关键环节，但当前的产权制度存在一些问题，阻碍了生态产品市场交易的进行，主要表现在以下三个方面：一是产权制度不明晰。目前体制机制不完善和技术不成熟，导致难以界定所有权、收益权、承包权以及经营权的权利边界。权利边界的不明确进而使供求主体不明确，权责划分不合理（孙博文、彭绪庶，2021）。二是市场交易渠道不足。我国权属市场交易处于探索阶段，一级市场和二级市场的交易平台尚未全面打造，一二级市场不活跃（张丽佳、周妍，2021）。各类权属交易渠道少且不统一，影响了供需双方实现交易的过程。三是能源权益的初始分配制度不完善（陈健鹏、高世楫，2020）。一方面，初始分配能源权益交易类市场的配额量不合理；另一方面，交易制度设计缺乏相关激励政策，造成交易参与主体相对单一，交易活跃度低。

（1）确立生态产品的价值评估机制，培育评估市场，为江西省的生态产品价值评估提供坚实支撑。开展区域生态系统服务功能评价，构建生态补偿机制，完善生态环境补偿政策。通过对制定生态产品价值评估标准、管理办法和操作流程的探索，实现标准化操作，从而形成市场可接受的定价，为重点项目规划、环评、验收等环节提供有益参考。开展区域生态经济综合评价，对生态环境质量进行科学客观评价，提出优化调整方案。探索建立具备生态资源资产评估和咨询资质的评估机构和专家库，以促进区域性生态产品价值的第三方评估机构的培育和发展。

（2）打造综合交易平台。首先，利用现有投资招商平台，实现绿色生态产品的"云招商"和"云洽谈"，促进绿色产品供需、资源和资本的精准高效匹配。鼓励地方政府利用现有的全球综合贸易市场，完善绿色生态产品的加工、交易、物流、展示、销售等功能，在电子商务平台上开设绿色产品专区，促进线上线下资源和渠道的深度融合。其次，加大拓展交易市场的力度，完善环境和能源权益交易机制，完善绿色生态产品的交易平台。建立能源权、排污权、森林碳汇等绿色生态产品的交易制度。最后，简化交易流程和制度，探索渐进式造林、渐进式治水、森林覆盖率等指标的交易，建立全国性的绿色生态产品、资源、环境权益综合交易平台。

（3）完善市场交易政策。对于公共性质的生态产品交易，需要政府发挥作用，出台强制的政策。政府做好市场交易的顶层设计，构建市场交易体系，建立科学、合理的市场交易制度，包括生态产品的交易条件、产品的核定、交易方式和交易程序，使其标准化和规范化，保证交易的公平性和有序性。

四、健全生态产品价值实现法律保障制度

目前，我国有关生态产品价值实现的法律保障制度不完善，相关规定分散在多部法律中，系统性和可操作性不够，而且地方政府所出台文件的权威性和约束性比较弱。江西省应从自然资源资产产权界定、保障第三方鉴证合法性、刺激绿色金融活动开展以及生态产品市场交易等方面，加快完善生态产品价值实现法律保障体系。应采取以下三项措施：一是完善资源资产产权法律体系。在现有的资源资产产权法律体系基础上不断完善，保障自然资源资产产权登记顺利进行。结合市场，建立完善的自然资源定价制度，使自然资源价格能够真实反映其稀缺程度和生态环境成本。二是制定第三方鉴证的规章制度。明确鉴证业务范围和流程，给会计师事务所鉴证工作提供方向和依据。针对生态产品鉴证出台专门的法律法规，明确会计师事务所的地位，确保其起到监督和保障的作用（马蔡琛、桂梓椋，2021）。三是建立健全生态产品市场交易法律体系。加快立法，以更高层次的立法明确生态产品供给主体的权利与义务，保障各项制度的有效实施。加强市场交易监管，维护交易秩序，提高市场活跃度。

第三节　完善绿色金融支撑体系

生态产品价值实现需要引入大量的资金，政府资金仅占小部分，绝大部分是依靠金融机构借助市场和企业投入资金。但是我国绿色金融体系不健全，影响第三方机构认证评级结果的准确性，降低投资方的积极性，阻碍投资方进行投资（曹倩，2019）；评估绿色金融工具标准不规范；许多金融机构未设立专业生态金融部门，或者金融项目主要集中在绿色信贷和绿色债券方面导致绿色金融渠道窄且产品项目单一；生态产品贷款抵押风险担保高，生态产品难成为优质的抵押物进行融资；等等。以上原因导致许多生态产品难获得资金的支持。江西省政府要针对现有的问题进一步完善绿色金融体系的建设，充分发挥绿色金融在生态产品价值实现过程中的主导性作用。与此同时，江西省要充分发挥市场决定性作用，拓宽生态产品融资渠道，充分发挥金融资本杠杆作用，创新生态资产融资授信方式，畅通金融资本赋能通道，建立生态资产收储担保机构，努力走出一条能推广、抗风险、可持续的生态产品价值实现路径。

一、统一绿色金融标准，推动标准化建设

政府主导强化支撑，加快明确绿色金融政策标准，推动标准化金融体系建设。首先，尽快出台统一的标准，划分绿色经济活动的范围和明确绿色金融项目的界定，对同类中存在差异性的项目标准进行划分统一。同时还要加快建立江西省生态产品价值实现重点项目库，有效组织金融机构与重点项目库进行对接，解决融资难、融资贵等问题。其次，优化绿色金融信贷流程，简化审批流程，明确环境污染者的责任，加强内外监督管理协同机制，提升绿色金融的服务水平和能力（王志强、王一凡，2020）。最后，要完善绿色金融法律体系，出台一些高层次、覆盖面广、更为具体化、具有更强法律效力的绿色金融法律政策。在地方层面，出台地方政府对绿色项目补贴的相关政策。为绿色金融提供有力保障，调动金融机构的积极性，刺激金融机构积极主动开展绿色金融活动。

二、创新绿色金融产品，引入资金

大力开发绿色金融产品，创新生态产品金融化。通过采取政府、银行、企业多方共建的模式，保证绿色金融顺利实施，破解"抵押难"的问题。政府在健全完善的绿色金融体系的基础上，搭建政银企合作平台，不定期召开政银企融资对接会，组织金融机构与有融资需求的企业协同推进绿色项目建设，打造绿色金融产品专业渠道，金融机构创新绿色金融产品，政府与金融机构协同共担风险，引导更多的资金投资于绿色产业，实现政银企三方共赢，促进绿色生态产品市场化。

（1）打造绿色金融专业渠道和丰富金融工具。首先，金融机构设立生态金融部门，针对生态产品类型，建立生态银行交易平台，将碎片化、分散化的生态资产集中，可以有效降低管理及运营成本，提高生态资产市场价值。其次，创新绿色金融产品及服务，扩大产品覆盖面，着力解决融资难题（王志强、王一凡，2020）。

（2）金融机构要利用市场经济和金融体系的优势，加快建设规范的多层次绿色金融市场。积极争取国家开发银行等政策性银行的支持，推动与银行、证券、基金等金融机构合作设立生态产品价值实现专项基金，提供更优质的综合性金融服务；同时开展排污权、碳排放权、用能权、水权等无形资产方面的特色融资抵押和质押的探索，为生态产品经营开发提供资金支持；创新推出绿色股票、绿色证券、绿色消费、碳金融等方面的绿色金融产品，增加绿色金融产品供给；鼓励小额贷款公司、融资担保公司、融资租赁公司提供全面的配套金融服务，优化服务资源和提升服务水平；设立碳中和基金，推动各信托公司发行碳中和基金，引导更多社会资金支持碳中和行动；推动江西省旅游资源与银行消费金融产品相结合，探索开发生态旅游收益与信用相结合的生态旅游专项金融产品。

（3）积极探索生态产品资产证券化。推进生态农业、绿色消费等领域的绿色信贷产品创新，鼓励开展绿色金融资产证券化。拓宽绿色产业融资渠道，重点围绕优质生态农产品供给、生态旅游发展、生态文化创意产业等绿色项目，引导符合条件的企业发行绿色债券。支持符合条件的生态产业企业在"新三板"市场和区域性股权市场绿色板块挂牌融资。支持资本证券化产品落地，大力支持生态农林牧渔业、生态旅游、生态环境整治等行业周期性较强、可形成稳定现金流的企业发行资产支持证券。支持提供生态产品的企业发行绿色债券。

（4）支持推广"两山银行"模式。鼓励组建绿色产业协会，调研非营利性组织，促进区域内各类绿色产业的资源共享和共同发展。争取完善森林修复的融资方式，将森林收益权和土地经营权进行质押，调动金融和社会资本，形成支持生态产业快速发展的多元化投融资模式。

（5）积极调动社会资本，建立充分考虑渐进式参与、投资控制、风险补偿和投资保障的绿色生态发展基金，重点推进环境修复、危险废物处置及土壤、水和气体污染防治等一系列公共服务领域 PPP 项目，解决绿色生态项目的资金缺口问题。

三、发展多元化投融资，降低贷款风险

政府与金融机构要协力共担贷款风险。加强政府性融资担保公司与银行在生态产品价值实现融资领域的合作，分担银行贷款面临的风险。一方面，政府出台风险共担机制，政府财政援助按照一定比例设置风险补偿金额，银行以多倍的比例承担较多的贷款风险补偿金，双方共同助力担保，缓解因贷款风险带来的资金运转不通的情况。另一方面，政府要鼓励保险公司等融资担保机构积极提供担保服务。拓宽绿色产业融资渠道，推动绿色保险创新。政府设立标准，选取优质条件的保险公司参与绿色金融的项目，面向农户等小额、分散的客户群体提供担保，银行等金融机构发放无抵押贷款，开辟担保绿色通道。同时可以鼓励具备条件的地区探索发展农产品收益保险、环境污染强制责任保险等保险创新产品。

四、开展鉴证业务，推动核算权威

生态产品价值核算是生态产品定价的前提和市场化交易的重要支撑。为保障核算结果的客观、公平和权威性，引进独立的第三方机构开展鉴证。主要原因在于：第三方机构是介于政府和社会大众之间信任的桥梁，通过第三方会计师事务所的鉴证既可以反馈核算数据的不足之处，同时又保证核算结果的准确性和可靠性；有助于推动核算结果应用，推进核算结果获得广泛认可；避免政府既作为规则制定的"裁判员"，又作为生态产品转化过程中的"运动员"的双重矛盾身份。但是加强第三方机构的培育工作，具体在于：

（1）扩大鉴证业务范围。安永会计师事务所的鉴证给其他事务所提供了经

验借鉴,可以更加深入地摸索各类生态产品核算的鉴证业务,扩大鉴证业务范围,提高核算结果的认可程度,引入更多的第三方机构开展鉴证业务,既促进会计师事务所的发展,也可要求其不断总结经验,提升服务水平。

(2)加大鉴证人才储备的力度。第三方鉴证机构引进生态方面和环境专业的人才,与注册会计师组合成团队,联合生态环境院的环境专家或者工程技术人员等进行专门知识教育培训,提高鉴证人员的专业能力,打造专业的鉴证人才储备队伍,提高鉴证结果的可信度(涂建明、李宛,2018)。

(3)开展科学的生态产品核算鉴证。生态产品业务涉及许多种类,度量价值的工作较为复杂,以价值核算标准为指引对生态资产核算过程开展鉴证。依托政府机构的官方检测数据和统计数据,复核各类生态系统的物质产品和服务的功能量和价值量。首先是复核生态资产核算范围。对核算的物质产品、调节服务、文化服务的生态产品范围和核算指标进行复核。其次是复核生态资产功能量(实物量)和价值量。对功能量核算方法复核,如采用水量平衡方程、水量调节能力方程、生态系统散蒸发过程耗能公式等。生态资产价值量核算主要运用直接市场法、替代市场法和虚拟市场法。在各类生态产品与服务功能量核算与价值量基础上,复核生态系统生产总值。最后是根据复核结果提供生态资产鉴证结果,提出生态资产市场化建议。

第四节 强化科技人才支撑体系

建立健全生态产品价值实现机制是一项不断发展的改革创新任务,离不开专家学者的智力支撑,既需要有大量专门人才服务于确权登记、测量计量、资产核算、价值评估等生态产品价值实现诸多实践领域,也需要围绕生态产品价值实现机制前沿重点开展深入研究。与此同时,伴随大量新技术的应用,对高技能、多学科复合型人才的需求快速增加。例如,生态资产核算工作需要设计资源环境生态、经济、统计以及信息技术等专业背景,生态资源资产确权登记工作需要涉及地理信息、遥感等专业技术背景。

因此,江西省强化智力支撑,要针对生态产品价值实现机制重难点问题,加强人才改革创新研究，强化相关专业建设和人才培养，培育复合型人才，培养跨领域跨学科的高端智库，夯实人才支撑的根基，不断丰富生态产品价值实现的理论体系和实践模式（胡祖才等，2023）。要加强深化地方政府与科研院所等机构合作，建立长效机制，构筑绿色科技创新"产学研"一体化和科技创新成果产业化技术支撑体系，共同培养、共享高科技人才，共同推进生态产品价值实现机制改革创新。

一、培养复合型人才

生态产品价值实现的道路上伴随着大量新技术的应用，对高技能、多学科复合型人才的需求也相应快速增加，这也要求江西省政府要尽快推进复合型人才培养计划。首先，培养复合型人才要有突出性和顺序性，加强生态资源统计、核算、审计、产权管理等相关领域高技能人才和复合型技术人才队伍建设，扩大专业人才规模。优先加大对生态资源确权登记、资产核算、资产管理等相关专业人才的培养力度。与此同时，江西省要努力将现有的人才培养成复合型人才，可以通过与各大高校、职业技术学院进行订单式培养，有针对性地培养不同层次的人才；采用短期培训班形式，对政府机构人员进行短期轮训，让现有的企业人员、政府机构人员在最短时间内适应生态产品价值实现的转换。其次，通过"靠前服务"提前培训，能够有效避免各地在推进生态产品价值实现过程中走弯路、走偏路，提高项目质量，有效推进生态产品价值实现的进度。最后，加强区域内人员的交流学习，深化地方政府与科研院所等机构合作，建立长效机制，构筑绿色科技创新"产学研"一体化和科技创新成果产业化技术支撑体系，共同培养、共享高科技人才，促进人才流动，保障人才储备，共同推进生态产品价值实现机制改革创新。

二、夯实人才支撑的根基

江西省政府要狠抓人才培养、人才引进和人才使用三个环节，通过强化培训、优化结构、加大投入、完善制度，努力建设一支具有较高学术水平、较强研究能力和较大竞争优势的高层次研究人才队伍。

优先做好对现有人才的培养，及时开展形式多样、针对性强的学习培训，重点培养中青年骨干人才，采用高校代为培养模式，鼓励本读硕、硕升博。引进培育一流创新科研团队,促进关键科研成果转移转化。建立交流平台,进行良性互动、联动发展,实现优势互补。不仅要引入优秀团队,还要引进外部优秀科研人才,重点引进专业知识对口、有研究积累的博士研究生和研究经验丰富的优秀硕士研究生,推进与高校共建人才培养基地,储备一批专业人才,帮助解决专业领域的技术难题、优化项目设计思路及实施路径。创新人才发展体制机制,优化人才布局,确保急需人才、优秀人才引得进、留得住、用得好。坚持市场机制与行政手段相结合,建立人才工作目标责任制,构建人才选拔任用、评价、激励和保障机制。加强绿色技术领域研发人才的培养。继续加大对高校、职业培训机构和科研机构给予发展绿色技术专业的指导和支持力度,瞄准具有绿色技术专业开发能力的职业培训机构和高校,进一步优化专业结构,提高专业开发水平。鼓励地方政府与高校、职业培训机构、科研院所和大型企业合作,实施绿色技术的产学合作和联合培训计划,共同培养具有高技术能力的创新型绿色技术专家和工人。加强绿色技术中介机构的建设。建立一支专业有效的绿色技术促进者队伍,充分发挥其桥梁和联络作用,促进先进绿色技术的发展及其与产业需求的精准对接。将绿色技术相关科目纳入国家课程,增强技术转移团队的能力,提高绿色技术促进团队的专业服务能力。指导企事业单位从薪酬、资金分配、人员考核等方面加强对绿色技术机构的激励支持。

三、培育跨领域跨学科高端智库

首先,我们要抓住大数据机遇。切中要害,跨越传统学科和研究界限,鼓励跨界知识融合创新,为服务对象提供定制化解决方案,支持和发展新型智库产业。其次,要积极推动基于大数据的公共决策咨询服务创新。通过对公共事务大数据的深入探索,努力提高决策咨询服务需求分析的准确性和深度,做好智库研究和建设的改进工作,推出精准的、面向未来的服务。再次,要努力营造新业态、新智库模式蓬勃发展的行业环境。完善公共事务大数据相关的智库行业标准,加强新型智库在公共事务大数据开发利用方面的交流合作,不断提高基于公共事务大数据的智库产品比例,推动整体智库产业转型升级,提高智库产业的质量和效益。建立科学的知识管理和传播机制,包括研究成果的出版、知识产权的保护、学术交流的组织等。利用现代科技手段,推动智库研究成果的广泛传播和应用。最后,依托高等学校和科研机构,建设生态产品价值实现机制科研合作、对话交流平台。加强对"绿水青山就是金山银山"实践和生态产品价值实现机制研究,探索建立生态产品价值实现领域对外交流合作平台和高端智库。加强与国际国内高校、科研院所开展国际合作与交流,并建立高端智库。通过联合研究项目、学术交流和人员互访等方式将各学科的学者聚集起来,为生态产品价值实现献计献策、判断运筹;运用他们的智慧和才能,为生态产品价值实现的发展提供满意方案或优化方案。

第五节 构建以市场为导向的绿色技术创新体系

加快构建市场导向的绿色技术创新体系,能够充分发挥市场在资源配置中的决定性作用,激发绿色技术创新动力与活力。有助于建立健全绿色低碳循环发展经济体系,促进经济社会发展全面绿色转型。绿色技术创新能够为构建绿色低碳循环发展产业体系和消费体系提供重要支撑,促进绿色生产与消费循环互动,实现生产与生活方式绿色转型。在生产方式方面,加大绿色低碳技术应用,能够显著促进企业绿色技术进步以及资源与能源利用效率改善,在微观上表现为企业绿色全要素生产率的提升,宏观上有助于实现产业绿色转型升级与绿色竞争力提升。在生活方式方面,绿色技术不仅能通过绿色产品生产,直接满足绿色消费升级需求,还通过绿色建筑、绿色交通以及节能减排等领域技术应用,促进绿色居住、绿色出行、绿色生活,培育绿色低碳生活方式。在新发展格局下,绿色技术还有助于打通绿色产业链供应链堵点淤点,在绿色生产和消费领域实现需求牵引供给、供给创造需求的更高水平动态平衡,促进构建绿色低碳发展新格局。有助于促进碳减排、碳零排及碳负排,全方位助力实现碳达峰碳中和目标(孙博文,2023)。

在新发展格局下,江西省构建以市场为导向的绿色技术创新体系的重点任务是解决"谁来创新""如何创新""怎么保障"的问题。关键在于坚持市场主导、政府引导,坚持绿色创新价值链循环互动,加快培育壮大绿色技术创新主体、加强"产学研"协同创新、促进绿色技术成果转移转化以及健全绿色技术创新保障体系。深入了解市场需求和趋势,特别是对环境保护和可持续发展方面的需求。通过市场调研、需求分析和用户反馈,确定绿色技术创新的方向和重点领域。

一、壮大绿色技术创新主体

江西省要壮大绿色技术创新主体,强化企业的绿色技术创新主体地位。首先,加大政策引导与支持力度。政府可以制定相关政策和法规,提供财政、税收、补贴等激励措施,鼓励企业和研究机构在绿色技术领域进行创新。还可以建立绿色技术创新基金,为创新企业提供资金支持,积极培育绿色技术创新领域企业、高校、科研机构和平台组成的多元创新主体以及绿色技术创新领军企业,激发绿色技术创新活力。其次,江西省政府要加强与绿色技术相关的产业支持,落实对企业的支持力度。可以提供税收优惠、土地政策等支持,吸引企业在绿色技术领域投资和发展。建立创新创业孵化器和科技园区,为绿色技术创新企业提供场地、设施和服务支持。再次,加强绿色技术的宣传推广。江西省政府可以组织绿色技术展示活动,向社会公众介绍绿色技术的重要性和应用价值。加强与媒体的合作,提高绿色技术的知名度和认可度。同时,进一步健全创新人才激励与考核机制,加大绿色技术创新成效在考核评优中的比重,创新相关激励政策,着力提升绿色技术研发人才的积极性。最后,强化企业的市场主体地位,支持生态修复与环境治理、新能源发电、储能等领域龙头企业、重点骨干企业在绿色技术创新中"挑大梁、担主角"。超前布局绿色创新领域前沿技术和颠覆性技术,把握"碳达峰、碳中和"领域科技制高点(张英健,2022;孙博文,2023)。

二、促进绿色技术协同创新

江西省要加强绿色技术协同创新,推动"政产学研金介用"深度融合发展。推进创新主体协作融合。首先,健全协同创新机制,构建以大学、企业、研究机构为核心要素,以政府、金融机构、中介组织、创新平台、非营利性组织等为辅助要素,专注于绿色技术创新的企业孵化器、众创空间等公共服务平台的多元主体协同互动的网络创新模式,加快绿色技术创新突破。其次,发挥核心企业带头引领作用,组建"政产学研金介用"相关机构及平台共同参与的绿色技术协同创新共同体,聚焦关键共性技术研发,促进优势互补、风险共担、创新增效以及利益共享。再次,支持龙头企业整合高校、科研机构及产业园区资源,成立具有独立法人地位的新型研发机构以及加强机构管理机制创新，激发多方创新积极性。最后，鼓励高校与科研机构积极对接企业绿色技术需求，成立重点绿色技术研发实验室或者研发中心，建立以市场需求为导向、产业绿色转型为目标的长效合作机制（张英健，2022；孙博文，2023）。

三、加快绿色技术成果转化

推进绿色技术交易市场建设，健全绿色技术创新成果转移转化体系。根据区域绿色技术发展优势和应用需求，进一步优化国家级绿色技术市场交易平台布局，提升绿色技术交易平台管理效能，健全绿色技术创新评价、供需匹配、交易佣金及交易后评估等机制，培育第三方检测、评价、认证等中介服务机构，增强绿色技术交易服务能力。建立创新创业孵化器，为创新团队和初创企业提供孵化和培育服务。提供资金支持、技术咨询、市场推广等方面的帮助，帮助绿色技术成果转化为商业产品和服务。健全绿色技术成果转化机制和推广机制，开展市场推广活动，提高绿色技术的知名度和认可度。聚焦节能降碳、清洁能源、环境保护、生态修复等重点领域，与行业协会、企业和政府合作，组织示范应用项目，展示绿色技术在实际应用中的效益和优势，吸引更多的市场需求和合作机会，加快绿色技术推广应用（张英健，2022；孙博文，2023）。江西省政府要鼓励进行充分的技术验证和实地应用，确保绿色技术成果的可行性和可靠性。通过不断的技术优化和改进，提高技术的成熟度和市场适应性，降低成果转化的风险。建立完善的绿色技术人才培养和教育体系，为绿色技术成果转化提供人才基础。加强高等院校和职业教育机构的绿色技术专业设置，提供系统化的绿色技术课程和培训项目。同时，鼓励企业开展内部培训和技能提升，提供实践机会和岗位培训，培养绿色技术人才的实际操作能力。

推广使用绿色技术产品。推动建立重大技术装备的保险补偿机制试点，鼓励生产绿色创新技术设备的企业申请保险补偿项目。鼓励国有企业购买和使用绿色技术设备，促进绿色技术设备的应用和产业化。推进绿色采购制度的修订，加强政府绿色采购工作，进一步扩大绿色采购范围，鼓励各政府机构、部门和组织按规定优先采购绿色产品。完善绿色产品认证和标识制度，扩大有机产品认证范围，促进认证结果的广泛认可（张英健，2022）。

四、优化绿色技术创新环境

优化绿色技术创新环境,构建财税金融人才政策支持和标准体系,就要加强绿色技术知识产权司法、行政与仲裁机构协同保护,完善统筹协调、监督指导和法制保障机制。支持绿色技术研发与应用推广专项,落实企业开展绿色技术研发、设备采购、转化应用等活动的所得税优惠(张英健,2022;孙博文,2023)。推动绿色技术创新和应用,加大绿色金融支持力度。设立专项绿色信贷政策和资金,鼓励发行绿色债券,引导资金流向绿色技术创新和环保领域。支持设立绿色基金,为绿色技术创新项目提供股权投资和风险投资,推动绿色技术的商业化应用。为绿色技术创新项目提供风险保障和保险服务,鼓励绿色技术创新企业购买绿色保险,降低创新风险,提升投资者的信心。积极构建绿色低碳技术创新数据库,收集、整理和分享绿色技术创新的相关信息和成果。提供绿色技术信息检索与推广应用的支撑,促进绿色技术的传播和应用。加强绿色技术标准制定和绿色技术监测统计,加快建立符合中国绿色低碳发展要求的绿色技术创新认定体系,积极构建绿色低碳技术创新数据库,为绿色技术信息检索与推广应用提供支撑(张英健,2022;孙博文,2023)。

五、强化绿色技术产权服务保护

提高知识产权水平,加强知识产权保护中心建设。首先,完善法律法规。建立健全的法律法规体系,包括知识产权法律、专利法、商标法等相关法律法规。确保绿色技术的知识产权得到充分的法律保护,为创新者提供合法、公正的权益保障。其次,设立专门的绿色技术产权咨询机构或部门,提供专业的咨询与辅导服务。帮助创新者了解知识产权的相关法律政策,指导他们进行技术申请、专利撰写、侵权维权等方面的工作。再次,简化绿色技术产权申请的流程,提高审批效率。在"一站式"服务的基础上,进一步加强知识产权综合保护,做到快速预审、快速确权、快速维权。优化专利申请和商标注册的流程,减少烦琐的申请材料,缩短审批周期,鼓励创新者主动申请并保护自己的知识产权。最后,加大对侵犯绿色技术产权行为的打击力度,为绿色技术创新者提供法律援助服务。加强知识产权的执法工作,建立健全的侵权行为监测和举报机制,及时发现并处理侵权行为,保护创新者的合法权益。为绿色技术创新者提供法律援助服务,尤其是在产权纠纷等法律案件中。设立相关专项基金，资助创新者法律诉讼费用，提供专业的法律代理服务，帮助他们维护自己的合法权益。

六、深化绿色技术国际交流合作

江西省应通过"引进来"和"走出去"促进、鼓励绿色技术发展。应采取以下四项措施：一是加强政府间合作。政府之间可以加强绿色技术领域的合作，签署合作协议和谅解备忘录。建立政府间的绿色技术合作机制，推动政策对接、技术交流和项目合作。二是组织举办绿色技术交流活动。组织国际绿色技术交流会议、研讨会、展览等活动，邀请来自不同国家和地区的专家、学者、企业代表等参与交流。通过分享创新成果、技术经验和最佳实践，加深相互了解，促进合作和学习。三是与国际开展联合研究项目。国际间可以开展绿色技术的联合研究项目，建立联合研究团队，共同攻克绿色技术创新的难题，加快绿色技术的发展和应用。四是加强科技创新政策对接。不同国家和地区的绿色技术创新政策可能存在差异，需要加强政策对接和沟通。通过了解和对接对方的政策，促进绿色技术创新政策的协调和融合，为国际交流合作提供良好的政策环境。

第六节　本章主要观点

本章在前几章的论述基础上，以"双碳"战略目标为背景，探讨了江西省构建生态产品价值多元实现路径的支撑保障体系的重要性、必要性以及如何构建路径的问题。研究结论有以下五个：

（1）为了构建人与自然和谐共生的美好图景，遵循自然生态的整体性，江西省要构建生态保护与环境治理支撑体系。明确职责分工，完善监督管理，建立长效监管机制；严格划定生态保护红线，实施垃圾生态化处理、污水集中治理等项目，守住"蓝天碧水青山"；对自然生态系统遭到破坏或生态功能缺失地区，扎实推进利用市场化方式进行生态修复与价值提升策略；充分利用互联网、物联网、大数据、区域链等技术完善生态监测调查体系；通过生物多样性资源调查工作获取全面精准的本底资料，夯实根基，因地制宜，对症下药，保障生物多样性保护行动顺利实施。

（2）为了稳定扩大有效投资，有序推进重大项目的合作建设，江西省要完善互联互通基础设施支撑体系。通过加快健全生态资源产权制度，深化自然资源资产管理体制改革、开展产业化生态产品信息清查、完善自然资源资产监管系统等健全生态产品监测调查体系；为生态产品价值实现筑牢根基，完善生态产品价值核算与评估机制；鉴于目前产权制度不明晰、市场交易渠道不足、能源权益的初始分配制度不完善等原因，构建生态产品市场交易体系；从自然资源资产产权界定、保障第三方鉴证合法性、刺激绿色金融活动开展以及生态产品市场交易等方面，加快完善生态产品价值实现法律保障体系。

（3）充分发挥绿色金融在生态产品价值实现过程中的主导性作用，江西省要完善绿色金融体系。江西省要加快明确绿色金融政策标准，推动标准化金融体系建设；创新绿色金融产品，引入资金；发展多元化投融资，降低贷款风险；开展鉴证业务，推动核算权威。

（4）要强化科技人才支撑体系。江西省可与各大高校，职业技术学院进行订单式培养，有针对性地培养不同层次的复合型人才，狠抓人才培养、人才引进和人才使用三个环节，建立人才工作目标责任制，构建人才选拔任用、评价、激励和保障机制，夯实人才支撑的根基；搭建学术交流平台，培育跨领域、跨学科高端智库，重点引进专业知识对口、有研究积累的博士研究生和研究经验丰富的优秀硕士研究生，推进与高校共建人才培养基地，储备一批专业人才，帮助解决专业领域的技术难题、优化项目设计思路及实施路径；加强与国际国内高校、科研院所的合作，建立跨领域、跨学科的高端智库，将各学科的学者聚集起来，为生态产品价值实现献计献策、判断运筹。

（5）构建以市场为导向的绿色技术创新体系。江西省要加大政策引导与支持力度，壮大绿色技术创新主体；推动"政产学研金介用"深度融合发展，促进绿色技术协同创新；健全绿色技术成果转化机制和推广机制，加快绿色技术成果转化；构建财税金融人才政策支持和标准体系，优化绿色技术创新环境；加强知识产权综合保护，强化绿色技术产权服务保护；鼓励"引进来"和"走出去"，深化绿色技术国际交流合作。

参考文献

[1] ANDERSON T L, LEAL D R. Free Market Environmentalism [M]. UK: Palgrave Macmillan, 1991: 28-50.

[2] Costanza Retal. The Value of the World's Ecosystem Services and Natural Capital [J]. Nature, 1997 (37): 73-90.

[3] David M. Kotz, Accumulation, Money and Credit in the Circuit of Capital [J]. Rethinking Marxism, 1991, 4 (2): 119-133.

[4] Dos Santos P L. Production and Consumption Credit in a Continuous-time Model of the Circuit of Capital [J]. Metroeconomica, 2011, 62 (4): 729-758.

[5] Fenech Adam, Foster Jay, Hamilton Kirk, Hansell Roger. Natural Capital in Ecology and Economics: An Overview [J]. Environmental Monitoring and Assessment, 2003 (86): 1-2.

[6] Foley D K. Realization and Accumulation in a Marxian Model of the Circuit of Capital [J]. Journal of Economic Theory, 1982, 28 (2): 300-319.

[7] Huysegoms L, Rousseau S, Cappuyns V. Indicator use in Soil Remediation Investments: Views from Policy, Research and Practice [J]. Ecological Indicators, 2019 (103): 70-82.

[8] Kareiva P, Marvier M. Conserving Biodiversity Coldspots: Recent Calls to Direct Conservation Funding to the World's Biodiversity Hotspots May be Bad Investment Advice [J]. American Scientist, 2003, 91 (4): 344-351.

[9] Montero F J, Kumar R, Lamba R, et al. Hybrid Photovoltaic-thermoelectric System: Economic Feasibility Analysis in the Atacama Desert, Chile [J]. Energy,

2022（239）：122058.

　　［10］Peter Hans Matthews，An Econometric Model of the Circuit of Capital ［J］. Metroeconomica，2000，51（1）：1-39.

　　［11］Pirard R. Market－based Instruments for Biodiversity and Ecosystem Services：A Lexicon ［J］. Environmental Science & Policy，2012（19）：59-68.

　　［12］白玛卓嘎，肖迈，欧阳志云，王莉雁. 甘孜藏族自治州生态系统生产总值核算研究 ［J］. 生态学报，2017，37（19）：6302-6312.

　　［13］卞文志. 用"价格标签"体现生态价值——深圳市盐田区首创"城市GEP"核算体系 ［J］. 环境保护与循环经济，2015，35（3）：18-19.

　　［14］蔡晶晶，李德国. 商品林赎买政策如何撬动社会参与和经济绩效？——对福建林业政策创新的混合研究 ［J］. 公共行政评论，2020，13（6）：40-60+207-208.

　　［15］才琪. 生态产品价值实现与乡村振兴协同发展机制研究——以贵州生态产业为例 ［J］. 中国林业产业，2022（12）：12-17.

　　［16］蔡玉平，张元鹏. 绿色金融体系的构建：问题及解决途径 ［J］. 金融理论与实践，2014（9）：66-70.

　　［17］操建华. 生态系统产品和服务价值的定价研究 ［J］. 生态经济，2016，32（7）：24-28.

　　［18］曹倩. 我国绿色金融体系创新路径探析 ［J］. 金融发展研究，2019（3）：46-52.

　　［19］曾贤刚，秦颖. "两山"的发展模式及实践路径 ［J］. 教学与研究，2018（10）：17-24.

　　［20］曾贤刚，虞慧怡，谢芳. 生态产品的概念、分类及其市场化供给机制 ［J］. 中国人口·资源与环境，2014，24（7）：12-17.

　　［21］曾晓文，刘金山. 广东产业生态化的发展战略与路径 ［J］. 广东财经大学学报，2016，31（5）：104-112.

　　［22］常兆丰，刘世增，王祺，王飞，孙涛，刘淑娟，王芳琳. 沙漠、戈壁光伏产业防沙治沙的生态功能——以甘肃河西走廊为例 ［J］. 生态经济，2018，34（8）：199-202+208.

　　［23］陈百明，黄兴文. 中国生态资产评估与区划研究 ［J］. 中国农业资源

与区划，2003（6）：23-27.

[24] 陈辞．生态产品的供给机制与制度创新研究［J］．生态经济，2014，30（8）：76-79.

[25] 陈建成，赵哲，汪婧宇，李民桓．"两山"理论的本质与现实意义研究［J］．林业经济，2020，42（3）：3-13.

[26] 陈健鹏，高世楫．我国促进生态产品价值实现相关政策进展［J］．发展研究，2020（2）：57-69.

[27] 陈立铭，郭丽华，张伟伟．我国绿色信贷政策的运行机制及实施路径［J］．当代经济研究，2016（1）：91-96.

[28] 陈玲芳．"两山"理论的县域绿色发展实践［J］．人民论坛，2020（35）：90-91.

[29] 陈明衡，殷斯霞．金融支持生态产品价值实现［J］．中国金融，2021（12）：52-53.

[30] 从"城乡统筹"到"城乡融合"——专家在 UP 论坛上讨论乡村振兴［J］．国土资源，2017（12）：16-17.

[31] 崔莉，厉新建，程哲．自然资源资本化实现机制研究——以南平市"生态银行"为例［J］．管理世界，2019，35（9）：95-100.

[32] 邓远建，肖锐，严立冬．绿色农业产地环境的生态补偿政策绩效评价［J］．中国人口·资源与环境，2015，25（1）：120-126.

[33] 丁习文．税收助力新时代贵州高质量发展的实践与思考［J］．国际税收，2022（12）：3-10.

[34] 丁宪浩．论生态生产的效益和组织及其生态产品的价值和交换［J］．农业现代化研究，2010，31（6）：692-696.

[35] 杜明军．完善绿色金融政策体系的战略思考［J］．区域经济评论，2022（6）：116-127.

[36] 范金，周忠民，包振强．生态资本研究综述［J］．预测，2000（5）：30-35.

[37] 樊轶侠，王正早．"双碳"目标下生态产品价值实现机理及路径优化［J］．甘肃社会科学，2022（4）：184-193.

[38] 冯俊，崔益斌．长江经济带探索生态产品价值实现的思考［J］．环境

保护，2022，50（Z2）：56-59.

［39］福建省人民政府办公厅. 关于印发福建省重点生态区位商品林赎买等改革试点方案的通知［DB/OL］. 福建省人民政府网：http：//www. fujian. gov. cn/zwgk/zxwj/szfbgtwj/201701/t20170122_1477179. htm.

［40］福建省人民政府办公厅. 福建省综合性生态保护补偿实施方案［EB/OL］. 福建省人民政府网：http：//www. fujian. gov. cn/zwgk/zfxxgk/szfwj/jgzz/xzgfxwj/202210/t20221021_6021314. htm.

［41］盖志毅，王芳. 我国草原生态环境的多重价值和政府政策调整［J］. 生态经济，2010（6）：183-187.

［42］甘杰，谢培. 三方面入手完善生态环境监测体系［EB/OL］. 兰州新区网：http：//www. lzxq. gov. cn/system/2022/05/10/030550450. shtml.

［43］高吉喜，范小杉. 生态资产概念、特点与研究趋向［J］. 环境科学研究，2007（5）：137-143.

［44］高吉喜，范小杉，李慧敏，田美荣. 生态资产资本化：要素构成·运营模式·政策需求［J］. 环境科学研究，2016，29（3）：315-322.

［45］高吉喜，李慧敏，田美荣. 生态资产资本化概念及意义解析［J］. 生态与农村环境学报，2016，32（1）：41-46.

［46］高世楫. 建立生态产品调查监测机制，支撑生态产品价值实现［J］. 中国经贸导刊，2021（11）：48-50.

［47］高晓龙，程会强，郑华，欧阳志云. 生态产品价值实现的政策工具探究［J］. 生态学报，2019，39（23）：8746-8754.

［48］高晓龙，林亦晴，徐卫华，欧阳志云. 生态产品价值实现研究进展［J］. 生态学报，2020，40（1）：24-33.

［49］何德旭，张雪兰. 对我国商业银行推行绿色信贷若干问题的思考［J］. 上海金融，2007（12）：4-9.

［50］巩芳，郭宇超，李梦圆. 基于拓展能值模型的草原生态外溢价值补偿研究——以内蒙古草原生态补奖为例［J］. 黑龙江畜牧兽医，2020（2）：7-11+15.

［51］龚勤林，陈说. 基于资本循环理论的区域优势转化与生态财富形成研究——兼论绿水青山就是金山银山的理论逻辑与实现路径［J］. 政治经济学评

论，2021，12（2）：97-118.

[52] 谷树忠 . 产业生态化和生态产业化的理论思考［J］. 中国农业资源与区划，2020，41（10）：8-14.

[53] 古小东，夏斌 . 生态系统生产总值（GEP）核算的现状、问题与对策［J］. 环境保护，2018，46（24）：40-43.

[54] 关于建立健全生态产品价值实现机制的实施方案［N］. 江西日报，2021-07-07（006）.

[55] 贵州省林业局 . 贵州省部署推进林下经济高质量发展［EB/OL］. 国家林业和草原局政府网：http：//www. forestry. gov. cn/main/102/20220104/16251 6808674387. html.

[56] 郭利民，钱伟明，李静 . 试谈如何保障进城农民的合法土地权益［J］. 资源导刊，2014（9）：16-17.

[57] 郭付友，佟连军，刘志刚，赵海杰，侯爱玲 . 山东省产业生态化时空分异特征与影响因素——基于 17 地市时空面板数据［J］. 地理研究，2019，38（9）：2226-2238.

[58] 海笑，覃建雄 . “两山”理论背景下西南民族地区乡村生态旅游开发 RMP 分析——以安宁河流域为例［J］. 农村经济，2020（12）：137-144.

[59] 韩旭东，李德阳，郑风田 . 如何依托“两山”理论实现乡村振兴？——基于滕头村的发展经验分析［J］. 农村经济，2021（5）：73-81.

[60] 胡聃 . 生态资本的理论发展［C］//邓楠 . 可持续发展：人类关怀未来 . 哈尔滨：黑龙江教育出版社，1998：56-60.

[61] 胡聃 . 从生产资产到生态资产：资产—资本完备性［J］. 地球科学进展，2004，19（2）：289-296.

[62] 胡咏君，吴剑，胡瑞山 . 生态文明建设“两山”理论的内在逻辑与发展路径［J］. 中国工程科学，2019，21（5）：151-158.

[63] 胡祖才，等 . 关于建立健全生态产品价值实现机制的意见［M］. 北京：人民出版社，2023.

[64] 黄承梁 . 习近平新时代生态文明建设思想的核心价值［J］. 行政管理改革，2018（2）：22-27.

[65] 黄克谦，蒋树瑛，陶莉，高有典 . 创新生态产品价值实现机制研究

[J]. 开发性金融研究, 2019 (4): 82-88.

[66] 黄宽勇. "两山"理论下的广西林业产业结构优化研究 [J]. 西部林业科学, 2020, 49 (5): 160-163.

[67] 黄如良. 生态产品价值评估问题探讨 [J]. 中国人口·资源与环境, 2015, 25 (3): 26-33.

[68] 黄颖, 温铁军, 范水生, 等. 规模经济、多重激励与生态产品价值实现——福建省南平市"森林生态银行"经验总结 [J]. 林业经济问题, 2020, 40 (5): 499-509.

[69] 贾宁, 陈宇枫, 程杰, 李翀, 吴一帆, 李玮. 排污权交易用于拓宽管网投资回报路径研究 [J]. 给水排水, 2022, 58 (S2): 518-526.

[70] 蒋春来, 黄津颖, 王晓婷. 协同推进排污权交易与碳排放权交易思路研究 [J]. 环境保护, 2022, 50 (13): 38-41.

[71] 蒋凡, 秦涛, 田治威. "水银行"交易机制实现三江源水生态产品价值研究 [J]. 青海社会科学, 2021 (2): 54-59.

[72] 江西省生态文明建设领导小组办公室, 江西省发展和改革委员会. 逐梦生态文明　交出绿色答案 [N]. 江西日报, 2020-06-01 (005).

[73] 靳诚, 陆玉麒. 我国生态产品价值实现研究的回顾与展望 [J]. 经济地理, 2021, 41 (10): 207-213.

[74] 靳乐山, 刘晋宏, 孔德帅. 将 GEP 纳入生态补偿绩效考核评估分析 [J]. 生态学报, 2019, 39 (1): 24-36.

[75] 金书秦, 韩冬梅. 从"两山"理论到农业绿色发展 [J]. 中国井冈山干部学院学报, 2020, 13 (3): 18-24.

[76] 康传志, 吕朝耕, 王升, 万修福, 蒋靖怡, 杨健, 杨野, 郭兰萍. 中药材生态产品价值核算及实现的策略分析 [J]. 中国中药杂志, 2022, 47 (19): 5389-5396.

[77] [美] 克拉克. 财富的分配 [M]. 陈福生, (中) 陈振骅译. 北京: 商务印书馆, 1983.

[78] 柯平松. 丽水市土地出让领域开展生态产品价值实现路径探索的实践与思考 [J]. 浙江国土资源, 2020 (10): 19-21.

[79] 孔凡斌. 江河源头水源涵养生态功能区生态补偿机制研究——以江西

东江源区为例 [J]. 经济地理，2010，30（2）：299-305.

[80] 兰菊萍. 生态产品价值实现机制研究 [M]. 北京：中国国际广播出版社，2019.

[81] 雷艳杰，张美艳，董建军."规制—激励"视角下福建重点生态区位商品林补偿探讨 [J]. 三明学院学报，2021，38（4）：20-27.

[82] 李宏伟，薄凡，崔莉. 生态产品价值实现机制的理论创新与实践探索 [J]. 治理研究，2020，36（4）：34-42.

[83] 李燕，程胜龙，黄静，付晓. 生态产品价值实现研究现状与展望——基于文献计量分析 [J]. 林业经济，2021，43（9）：75-85.

[84] 李宇亮，陈克亮. 生态产品价值形成过程和分类实现途径探析 [J]. 生态经济，2021，37（8）：157-162.

[85] 黎元生，胡熠. 美国政府购买生态服务的经验与启示 [J]. 中共福建省委党校学报，2015（12）：17-21.

[86] 李志萌，何雄伟，马回，王露瑶. 长江经济带生态产品价值实现机制探讨 [J]. 企业经济，2022，41（1）：45-54.

[87] 李忠. 长江经济带生态产品价值实现路径研究 [J]. 宏观经济研究，2020（1）：124-128+163.

[88] 李忠等. 践行"两山"理论　建设美丽健康中国——生产产品价值实现问题研究 [M]. 北京：中国市场出版社，2021.

[89] 莲都区人民政府. 莲都区坚持"四项原则"建设好彩色健康森林 [DB/OL]. 莲都区人民政府网：http：//www. liandu. gov. cn/art/2015/7/8/art_ 1229369547_58972739. html.

[90] 廖林. 发展绿色金融　提升服务"双碳"质效 [J]. 中国金融，2022（4）：9-11.

[91] 廖茂林，潘家华，孙博文. 生态产品的内涵辨析及价值实现路径 [J]. 经济体制改革，2021（1）：12-18.

[92] 林国敏. 典型喀斯特流域坡地景观特征对河流水质影响及建模研究——以赤水河中上游为例 [D]. 贵州大学硕士学位论文，2019.

[93] 刘伯恩. 生态产品价值实现机制的内涵、分类与制度框架 [J]. 环境保护，2020，48（13）：49-52.

［94］刘朝霞．绘就生态大美画卷［J］．当代江西，2020（4）：31-32+38.

［95］刘辉，白晓菲．"两山"理论的实践发展及其在生态文明中的意义［J］．农业经济，2022（9）：41-43.

［96］刘江宜，牟德刚．生态产品价值及实现机制研究进展［J］．生态经济，2020，36（10）：207-212.

［97］刘江宜．可持续性经济的生态补偿论［M］．北京：中国环境出版社，2012：72.

［98］刘丽．我国国家生态补偿机制研究［D］．青岛大学博士学位论文，2010.

［99］刘庆宝，臧凯波．如何实现生态产权的合理界定［J］．环境保护，2013，41（13）：47-48.

［100］刘爽，王镜涵．多元化旅游模式推动乡村振兴的路径研究［J］．管理观察，2018，694（23）：59-61.

［101］刘向敏．生态产品价值实现视域下矿山废弃地生态修复与重建［J］．中国矿业，2020，29（11）：72-75+81.

［102］刘彦随，靳晓燕，胡业翠．黄土丘陵沟壑区农村特色生态经济模式探讨——以陕西绥德县为例［J］．自然资源学报，2006（5）：738-745.

［103］刘雨林．关于西藏主体功能区建设中的生态补偿制度的博弈分析［J］．干旱区资源与环境，2008（1）：7-15.

［104］刘哲，裴云霞，包美玲，杨霞，张强．生态产品价值实现机制问题研究与案例剖析［J］．环境科学与技术，2022，45（S1）：337-344.

［105］刘峥延．未来一段时期促进生态退化地区振兴发展的重点举措［J］．中国经贸导刊，2021，1020（20）：51-54.

［106］刘峥延．以生态产品价值转化助推乡村振兴——浙江的经验与启示［J］．中国经贸导刊，2021，1011（14）：53-56.

［107］刘峥延，李忠，张庆杰．三江源国家公园生态产品价值的实现与启示［J］．宏观经济管理，2019（2）：68-72.

［108］龙精华，张卫，付艳华，胡振琪．鹤岗矿区生态系统服务价值［J］．生态学报，2021，41（5）：1728-1737.

［109］陆小成．新发展阶段北京生态产品价值实现路径研究［J］．生态经

济，2022，38（1）：218-223.

[110] 罗明，张琰，张海．基于自然的解决方案在《山水林田湖草生态保护修复工程指南》中的应用［J］.中国土地，2020（10）：14-17.

[111] 马蔡琛，桂梓椋．预算绩效管理中第三方评价的现实困境与求解之道——基于责任界定与监管强化的思考［J］.财经智库，2021，6（2）：110-136+143-144.

[112] 马国霞，於方，王金南，周夏飞，袁婧，牟雪洁，周颖，杨威杉，彭菲．中国2015年陆地生态系统生产总值核算研究［J］.中国环境科学，2017，37（4）：1474-1482.

[113] 马建堂．生态产品价值实现：路径、机制与模式［M］.北京：中国发展出版社，2019.

[114] 孟祥林．产业生态化：从基础条件与发展误区论平衡理念下的创新策略［J］.学海，2009（4）：98-104.

[115] 倪艳，秦臻．绿色GDP绩效考核的实践探索与思考［J］.经济研究导刊，2019（25）：5-7.

[116] 牛海鹏，张夏羿，张平淡．我国绿色金融政策的制度变迁与效果评价——以绿色信贷的实证研究为例［J］.管理评论，2020，32（8）：3-12.

[117] 欧阳志云，朱春全，杨广斌，徐卫华，郑华，张琰，肖燚．生态系统生产总值核算：概念、核算方法与案例研究［J］.生态学报，2013，33（21）：6747-6761.

[118] 潘耀忠，史培军，朱文泉，等．中国陆地生态系统生态资产遥感定量测量［J］.中国科学（D辑：地球科学），2004（4）：375-384.

[119] 彭桂芳．茶文化产业的特征及发展模式探析［J］.农业考古，2021（5）：25-30.

[120] 彭绪庶．激活生态产品价值转化的新动能［J］.中国林业产业，2020（Z2）：21-22.

[121] 漆亮亮．生产要素价值论与中国税制改革方向［J］.公共管理学报，2004（3）：55-58+95.

[122] 秦艳红，康慕谊．国内外生态补偿现状及其完善措施［J］.自然资源学报，2007（4）：557-567.

［123］秦颖．生态产品的市场化供给机制与价值实现模式研究［M］．北京：中国经济出版社，2022．

［124］邱凌，罗丹琦，朱文霞，等．基于 GEP 核算的四川省生态产品价值实现模式研究［J］．生态经济，2023，39（7）：216-221．

［125］丘水林，靳乐山．生态产品价值实现：理论基础、基本逻辑与主要模式［J］．农业经济，2021（4）：106-108．

［126］丘水林，靳乐山．生态产品价值实现的政策缺陷及国际经验启示［J］．经济体制改革，2019（3）：157-162．

［127］［美］萨缪尔森．经济学（第十四版）［M］．胡代光等译．北京：北京经济学院出版社，1996．

［128］沈大军，梁瑞驹，王浩，等．水资源价值［J］．水利学报，1998（5）：55-60．

［129］沈辉，李宁．生态产品的内涵阐释及其价值实现［J］．改革，2021（9）：145-155．

［130］沈满红．生态经济学［M］．北京：中国环境出版社，2016．

［131］生态产品价值实现的路径、机制与模式研究课题组．生态产品价值实现：路径、机制与模式［M］．北京：中国发展出版社，2019．

［132］《生态之路》编撰组．生态之路——前进中的全国首个国家生态文明试验区福建［M］．北京：红旗出版社，2017．

［133］石敏俊，陈岭楠．GEP 核算：理论内涵与现实挑战［J］．中国环境管理，2022，14（2）：5-10．

［134］舒利敏，杨琳．商业银行绿色信贷实施现状研究［J］．会计之友，2015（23）：44-50．

［135］宋德勇，杨柳青青．生态宏观经济学研究新进展［J］．经济学动态，2017（9）：111-123．

［136］孙博文．加快构建市场导向的绿色技术创新体系［DB/OL］．光明网：https：//baijiahao．baidu．com/s？id=1760966447808791411&wfr=spider&for=pc．

［137］孙博文，彭绪庶．生态产品价值实现模式、关键问题及制度保障体系［J］．生态经济，2021，37（6）：13-19．

［138］孙庆刚，郭菊娥，安尼瓦尔·阿木提．生态产品供求机理一般性分

析——兼论生态涵养区 "富绿" 同步的路径 [J]. 中国人口·资源与环境, 2015, 25 (3): 19-25.

[139] 孙志. 生态价值的实现路径与机制构建 [J]. 中国科学院院刊, 2017, 32 (1): 78-84.

[140] 唐琳, 张晖, 杨微石. 基于标准样地价值当量的森林生态价值核算方法——以深圳市龙岗区为例 [J]. 中国土地, 2020 (11): 26-28.

[141] 陶以平. "两山" 理论的兴业绿色金融实践 [J]. 中国金融, 2020 (13): 17-19.

[142] 涂建明, 李宛. 会计师事务所开展碳鉴证和碳管理咨询业务的探讨 [J]. 中国注册会计师, 2018 (8): 100-104.

[143] 王德凡. 内在需求、典型方式与主体功能区生态补偿机制创新 [J]. 改革, 2017 (12): 93-101.

[144] 王海滨, 邱化蛟, 程序, 等. 实现生态服务价值的新视角 (一) ——生态服务的资本属性与生态资本概念 [J]. 生态经济, 2008 (6): 44-48.

[145] 王会, 李强, 温亚利. 生态产品价值实现机制的逻辑与模式: 基于排他性的理论分析 [J]. 中国土地科学, 2022, 36 (4): 79-85.

[146] 王健民, 王如松. 中国生态资产概论 [M]. 南京: 江苏科学技术出版社, 2002: 6-15.

[147] 王涛, 辛冰, 殷悦. 全民所有自然资源资产管理体制研究 [J]. 海洋经济, 2023, 13 (1): 1-8.

[148] 王显金, 钟昌标. 关于海涂围垦生态补偿标准的研究——基于能值理论对杭州湾新区海涂围垦生态价值的分析 [J]. 价格理论与实践, 2018 (1): 122-125.

[149] 汪晓莺, 徐步朝, 刘聪. 江西绿色文化发展方向研究 [J]. 特区经济, 2020, 381 (10): 119-122.

[150] 王振兴, 周建国. 排污权交易试点的推进机制与政策特征——基于省级政策文本的分析 [J]. 湖北社会科学, 2021 (9): 25-33.

[151] 王志强, 王一凡. 绿色金融助推经济高质量发展: 主要路径与对策建议 [J]. 农林经济管理学报, 2020, 19 (3): 389-396.

［152］武哲如，杨多贵，周志田．首批国家生态文明试验区科技创新支撑生态文明建设初始水平分析［J］．华北理工大学学报（社会科学版），2020，20（2）：37-47.

［153］吴志广，汤显强．河长制下跨省河流管理保护现状及联防联控对策研究——以赤水河为例［J］．长江科学院院报，2020，37（9）：1-7.

［154］谢高地，曹淑艳．发展转型的生态经济化和经济生态化过程［J］．资源科学，2010，32（4）：782-789.

［155］谢花林，陈倩茹．生态产品价值实现的内涵、目标与模式［J］．经济地理，2022，42（9）：147-154.

［156］谢家平，孔令丞．循环经济与生态产业园区：理念与实践［J］．管理世界，2005（2）：152-153.

［157］熊斌，吕佳纯．浙江省乡村旅游与乡村振兴耦合研究［J］．现代农业，2022，541（1）：9-14.

［158］许平中．关于劳动价值论和要素价值论的思考［J］．中学政治教学参考，2003（3）：41-42.

［159］杨得前，刘仁济．财政投入对中国产业生态化效率提升的实证研究［J］．财经理论与实践，2017，38（1）：109-115.

［160］严立冬，陈光炬，刘加林，邓远建．生态资本构成要素解析——基于生态经济学文献的综述［J］．中南财经政法大学学报，2010（5）：3-9+142.

［161］严立冬，谭波，刘加林．生态资本化：生态资源的价值实现［J］．中南财经政法大学学报，2009（2）：3-8+142.

［162］杨军，温旭新，张波．能源富集区绿色发展的约束与推力：基于资本循环理论的研究［J］．学习与探索，2022（12）：124-131.

［163］杨忍，刘芮彤．农村全域土地综合整治与国土空间生态修复：衔接与融合［J］．现代城市研究，2021（3）：23-32.

［164］杨文华，王竹."两山"理论的生态诠释——兼论党的十九届五中全会生态文明建设战略部署［J］．学习论坛，2021（3）：41-48.

［165］叶冬娜．习近平"两山"理论对马克思主义生产力理论的丰富和发展［J］．广西社会科学，2020（12）：7-11.

［166］游静，喻嘉琪，黄晨．全省农业稳中提质接续向好［N］．江西日报，

2021-07-25（002）.

　　［167］于贵瑞，杨萌．自然生态价值、生态资产管理及价值实现的生态经济学基础研究——科学概念、基础理论及实现途径［J］．应用生态学报，2022，33（5）：1153-1165.

　　［168］云南省生态环境厅．云南省九大高原湖泊流域生态产品价值核算工作方案［DB/OL］．云南省生态环境厅网：https：//sthjt. yn. gov. cn/zwxx/zfwj/qttz/202302/t20230224_233071. html.

　　［169］云南省生态环境厅．治山、护水、利民——云南生态修复治理工作取得显著成效［EB/OL］．澎湃新闻网：https：//m. thepaper. cn/baijiahao_10707501.

　　［170］云南省人民政府．打造全省域全品类"绿色云品"公用品牌——提升"绿色云品"品牌影响力，加快打造"区域品牌+企业品牌+产品品牌"的"绿色云品"矩阵［EB/OL］．云南省人民政府网：https：//www. yn. gov. cn/zt-gg/jdbyyzzsjzydfxfyqj/fxpl/202303/t20230303_255669. html.

　　［171］云南省人民政府．云南省"十四五"旅游业发展实施方案的通知［EB/OL］．云南省人民政府网：https：//www. yn. gov. cn/zwgk/zcwj/yzf/202206/t20220613_243139. html.

　　［172］张传兵，居来提·色依提．基于市场重构的公共生态产品定价机制及对策研究［J］．价格月刊，2022（5）：22-27.

　　［173］张春华，居为民，王登杰，王希群，王昕．2004—2013年山东省森林碳储量及其碳汇经济价值［J］．生态学报，2018，38（5）：1739-1749.

　　［174］张和平．关于国家生态文明试验区（江西）建设情况的报告［N］．江西日报，2020-02-19（007）.

　　［175］张和平．关于国家生态文明试验区（江西）建设情况的报告［N］．江西日报，2023-02-03（008）.

　　［176］张籍，邹梓颖．雅鲁藏布江流域生态产品总值（GEP）核算及其应用研究［J］．生态经济，2022，38（10）：167-172+227.

　　［177］张金昌．编制自然资源资产负债表的历史性意义［J］．人民论坛，2018（24）：74-75.

　　［178］张军连，李宪文．生态资产估价方法研究进展［J］．中国土地科学，2003，17（3）：52-55.

[179] 张丽佳, 周妍. 建立健全生态产品价值实现机制的路径探索 [J]. 生态学报, 2021, 41 (19)：7893-7899.

[180] 张林波, 虞慧怡, 郝超志, 王昊. 国内外生态产品价值实现的实践模式与路径 [J]. 环境科学研究, 2021, 34 (6)：1407-1416.

[181] 张林波, 虞慧怡, 李岱青, 贾振宇, 吴丰昌, 刘旭. 生态产品内涵与其价值实现途径 [J]. 农业机械学报, 2019, 50 (6)：173-183.

[182] 张婷, 文韶丰, 周玉, 易璐, 李萍. 自然资源领域生态产品价值实现机制思考——基于生态产业化实践 [J]. 中国国土资源经济, 2022, 35 (11)：11-17.

[183] 张伟. 发挥绿色金融在生态产品价值实现中的作用 [J]. 中国水运, 2018 (7)：10-11.

[184] 张文明. 完善生态产品价值实现机制——基于福建森林生态银行的调研 [J]. 宏观经济管理, 2020, 437 (3)：73-79.

[185] 张文明, 张孝德. 生态资源资本化：一个框架性阐述 [J]. 改革, 2019 (1)：122-131.

[186] 张孝德. "两山"之路是中国生态文明建设内生发展之路——浙江省十年"两山"发展之路的探索与启示 [J]. 中国生态文明, 2015 (3)：28-34.

[187] 张轩畅, 刘彦随, 李裕瑞, 郭远智, 曹智. 黄土丘陵沟壑区乡村生态产业化机理及其典型模式 [J]. 资源科学, 2020, 42 (7)：1275-1284.

[188] 张雪溪, 董玮, 秦国伟. 生态资本、生态产品的形态转换与价值实现——基于马克思资本循环理论的扩展分析 [J]. 生态经济, 2020, 36 (10)：213-218+227.

[189] 张晏. 生态系统服务市场化工具：概念、类型与适用 [J]. 中国人口·资源与环境, 2017, 27 (6)：119-126.

[190] 张英, 成杰民, 王晓凤, 鲁成秀, 贺志鹏. 生态产品市场化实现路径及二元价格体系 [J]. 中国人口·资源与环境, 2016, 26 (3)：171-176.

[191] 张颖, 徐祯彩. 黄河流域多元化生态产品价值实现路径 [J]. 水利经济, 2023, 41 (1)：89-93+106.

[192] 张英健. 打造绿色技术创新新引擎——《关于进一步完善市场导向的绿色技术创新体系实施方案 (2023—2025年)》政策解读之二 [DB/OL].

中华人民共和国国家发展和改革委员会网：https：//www. ndrc. gov. cn/xxgk/jd/jd/202212/t20221228_1345084_ext. html.

［193］郑博福，朱锦奇."两山"理论在江西的转化通道与生态产品价值实现途径研究［J］.老区建设，2020（20）：3-9.

［194］郑鹏，熊玮.江西省重点生态功能区生态补偿的绩效评价与示范机制研究［M］.北京：中国经济出版社，2019.

［195］郑鹏，熊玮，关怡婕.产业扶贫的生态风险及化解路径——来自江西的实践经验［J］.生态经济，2019，35（12）：205-209.

［196］郑启伟，李思远.建立考核机制 推动生态产品价值高效转化［J］.中国经贸导刊，2021（11）：46-48.

［197］中共中央办公厅 国务院办公厅.《国家生态文明试验区（江西）实施方案》和《国家生态文明试验区（贵州）实施方案》［J］.中华人民共和国国务院公报，2017（29）：22-39.

［198］中国气象局气候变化中心.中国气候变化蓝皮书（2019）［R］.https：//www. cma. gov. cn/2011wzx/2011xqxxw/2011xqxyw/201904/t20190403_ 519580. html，2019.

［199］中国人民银行成都分行课题组，王江渝.生态产品价值实现与金融支持［J］.中国金融，2022（18）：93-94.

［200］中华人民共和国国家档案局.福建出台办法规范土地确权登记档案工作［EB/OL］.中华人民共和国国家档案局网：https：//www. saac. gov. cn/daj/c100214/201612/c168b989f02d482683667cdec1fd0900. shtml.

［201］周斌，陈雪梅.新时代中国生态产品价值实现机制研究［J］.价格月刊，2022（5）：28-33.

［202］朱建华，张惠远，郝海广，等.市场化流域生态补偿机制探索——以贵州省赤水河为例［J］.环境保护，2018，46（24）：26-31.

［203］庄晋财，王春燕.复合系统视角的美丽乡村可持续发展研究——广西恭城瑶族自治县红岩村的案例［J］.农业经济问题，2016，37（6）：9-17+110.

后 记

　　"草木植成，国之富也"。广袤的江西拥有良好的自然生态环境，青山绿水是江西的自然禀赋。江西作为唯一兼具国家生态文明试验区和生态产品价值实现机制国家试点的省份，打造国家生态文明建设高地，既是省委落实国家战略的具体行动，也是基于江西生态文明建设的良好基础作出的重要部署。作为长期聚焦研究生态文明、扎根赣鄱大地的"地方军"，本团队立足于江西省情，依托江西省生态产品价值实现智库联盟，深入基层开展实地调研，收集一手资料，掌握一线情况，发挥智力集成优势，开展有组织的科研，形成了一系列智库研究成果，服务了省委重大决策部署。本系列丛书重点关注了生态产品价值实现、矿山开采与粮食安全、重点生态功能区产业准入的负面清单等问题，这些问题都是江西省近年来在生态文明建设领域的重要问题和热点问题，也是本团队近年来围绕生态文明建设智库成果的总结。

　　本书是系列丛书的第一本，重点关注"双碳"背景下江西生态产品价值实现的重点任务与多元路径，也是本人所获得的江西省文化名家暨"四个一批"人才工程项目"江西生态产品价值实现的重点任务与实现路径研究"和江西省哲学社会科学重点研究基地项目"'双碳'背景下江西生态产品价值的多元实现路径研究"（编号：22SKJD23）的最终研究成果。

　　为了高质量完成本书，课题组先后赴江西省发展改革委员会、江西省统计局、江西省生态环境厅、江西省林业局、江西省自然资源厅、江西省农业农村厅、江西省市场监督管理局等省直单位进行了调研，并收集了有关生态文明建设的制度文件、省域做法、主要成效、面临困难及未来设想等方面的资料。为了问计基层，课题组还奔赴南昌市、抚州市、新余市、赣州市、九江市、宜春市等设区市，以及武宁县、资溪县、遂川县、铜鼓县、井冈山市、共青城市、永修县、庐山市、崇义县、靖安县、广信区等区县进行了实地调研，掌握了大量的一手资料。

本书是依托于东华理工大学地质资源经济与管理研究中心、东华理工大学资源与环境经济研究中心、江西省软科学研究培育基地等研究平台的系列成果。感谢经济管理出版社任爱清编辑为本书出版所做的辛勤工作！感谢研究生叶小凤、孙杨杰、郭丹丹等在资料收集、数据整理、部分章节撰写方面做出的诸多贡献！

最后，谨以此书献给我最爱的家人！今年是我博士毕业后来到东华理工大学工作的第十一个年头，在过去的十一年里，我经历了结婚生子，实现了职称的三级跳，获得了"省级青年人才"称号，似乎工作和事业都渐入佳境，未来可期。然而，我也知道在过去的十一年里，我一心扑在工作上，忽略了对家人的关心和关爱。首先，感谢我的父母多年来对我的支持、理解和付出，花甲之年本应享受天伦之乐，而我远离家乡未能尽孝却始终未曾有怨言。其次，感谢我的岳父岳母风雨无阻地帮助接送我的一双儿女上、下学，多年如一日地从生活上给予我们最大的支持。再次，感谢我的爱人熊玮女士，我的爱人在完成本职工作之余，承担了对子女的教育工作，很好地兼顾了工作和生活，其间的艰辛可想而知。最后，我要感谢我的一双儿女糖糖和果果，不知不觉孩子已经渐渐长大，但我陪伴他们的时间却少之又少，多少次因为加班工作而缺席了孩子们成长的美好时刻。但每每困顿低谷之时，只要看着他们熟睡的脸庞、开心的微笑、撒娇的任性、顽皮的打闹，顿时又充满了力量，生活的馈赠都是那么美好。

郑鹏

2023 年 9 月于南昌梅岭